어린이 과학 형사대
CSI ⑰

CSI, 파란만장한 방학을 보내다!

어린이 과학 형사대 CSI ⑰

초판 1쇄 발행 | 2011년 11월 15일
초판 16쇄 발행 | 2021년 6월 9일

지은이 | 고희정
그린이 | 서용남
감 수 | 곽영직(수원대학교 물리학과 교수)

펴 낸 곳 | (주)가나문화콘텐츠
펴 낸 이 | 김남전
편 집 장 | 유다형
편   집 | 이보라
외주 편집 | 생강빵
디 자 인 | 정란
마 케 팅 | 정상원 한웅 정용민 김건우
경영관리 | 임종열 김하은

출판 등록 | 2002년 2월 15일 제10-2308호
주   소 | 경기도 고양시 덕양구 호원길 3-2
전   화 | 02-717-5494(편집부) 02-332-7755(관리부)
팩   스 | 02-324-9944
홈페이지 | ganapub.com
이 메 일 | ganapub@naver.com

ⓒ 고희정, 2011

ISBN 978-89-5736-532-8 (74400)
     978-89-5736-440-6 (세트)

* 책값은 뒤표지에 표시되어 있습니다.
* 이 책의 내용을 재사용하려면 반드시 저작권자와 (주)가나문화콘텐츠 양측의 동의를 얻어야 합니다.
* 잘못된 책은 구입하신 서점에서 바꾸어 드립니다.

* '가나출판사'는 (주)가나문화콘텐츠의 출판 브랜드입니다.

• 제조자명 : (주)가나문화콘텐츠
• 주소 및 전화번호 : 경기도 고양시 덕양구 호원길 3-2 / 02-717-5494
• 인쇄일 : 2021년 6월 3일
• 제조국명 : 대한민국
• 사용연령 : 4세 이상 어린이 제품

어린이 과학 형사대
CSI 17

CSI, 파란만장한 방학을 보내다!

글 고희정 | 그림 서용남
감수 곽영직(수원대학교 물리학과 교수)

가나출판사

주인공 소개

• **강별과 송화산**

강별은 CSI 2기 지구 과학 형사. 매사에 자신만만하며 승부욕이 강하다. **송화산**은 어린이 형사 학교 학생. 과학 실력이 뛰어나지만 소극적이며 겁이 많다.

• **황수리와 최운동**

황수리는 CSI 2기 물리 형사. 소극적이지만 차분하고 사고가 논리적이다. **최운동**은 어린이 형사 학교 학생. 언제나 밝고 맑고 즐거운 수선쟁이.

• **양철민과 장원소**

양철민은 CSI 2기 화학 형사. 어딜 가나 왁자지껄 시끄럽고 덤벙대는 리틀 어 형사. **장원소**는 어린이 형사 학교 학생, 과학 실험을 좋아하고 요리의 팬 카페 회원이다.

• **신태양과 소남우**

신태양은 CSI 2기 생물 형사. 싹싹하고 예의 바르며 매력적인 훈남. **소남우**는 어린이 형사 학교 학생. 아이다운 순진한 심성과 따뜻한 마음을 가졌다.

CSI 1기 형사들

• 나혜성　• 이요리　• 반달곰　• 한영재

어린이 형사 학교 선생님들

• 박춘삼 교장　• 어수선 형사　• 정나미 형사　• 안미인 형사

- CSI, 불안한 여름 캠프 6

 사건 1 여름 캠프에서 생긴 일 12
　　핵심 과학 원리 – 에너지의 전환

　운동이가 들려주는 사건 해결의 열쇠 48

 사건 2 금동미륵보살을 찾아라! 52
　　핵심 과학 원리 – 확산 현상

　철민이가 들려주는 사건 해결의 열쇠 86

 사건 3 놀이공원 유괴 사건 90
　　핵심 과학 원리 – 치아 구조와 치흔

　태양이가 들려주는 사건 해결의 열쇠 126

 사건 4 시간을 추적하라! 130
　　핵심 과학 원리 – 기온

　별이가 들려주는 사건 해결의 열쇠 164

- CSI, 오늘은 경삿날 168

- 특별 활동 : CSI, 함께 놀며 훈련하다! 174

- 찾아보기 184

핵심 과학 원리 | 에너지의 전환

사건 1

여름 캠프에서 생긴 일

"전일아, 우리 엄마 없어. 으앙~"
박칠만 아저씨는 치매로 정신이 오락가락하는 어머니와 단둘이 살고 있다.
그럼 아저씨의 어머니인 김말순 할머니가 사라졌단 말인가?

 명탐정 감전일

　한 시간 가까이 청소를 하고 나서야 살 만한 상태의 집이 되었다. 그런데 마루 벽에 빼곡히 붙어 있는 사진과 상장마다 감전일의 얼굴과 이름이 있는 게 아닌가. 그렇다면 여기는 감전일이 살던 집이 분명하다.
　"웬만큼 치웠으니까 동네 어른들께 인사부터 드리자."
　박 교장이 말했다. 감전일이 앞장서고 모두 따라나섰는데, 동네 곳곳에서 만나는 할머니, 할아버지마다 무척이나 반기시는 것이었다.
　"어머나, 전일아! 이게 얼마만이냐."
　"일본에서 유명한 탐정이라며? 잘했다. 멋지다."

"아이고, 장포 마을 천재가 납시었구먼! 허허허."

또 다들 박 교장에게도 반가움을 표하며 공손히 인사를 하셨다.

"오랜만에 오셨네요. 이따 저녁 드시러 오세요."

"저녁 먹고 장기 한판 어떠세요?"

마을을 한 바퀴 돌고 나서, 아이들은 알게 되었다. 예상대로 이곳은 감전일의 고향. 여기서 태어나지는 않았지만 어렸을 때 할아버지, 할머니와 함께 살던 곳이란다. 또 엄청난 장난꾸러기로 유명했으며, 워낙 똘똘해서 장포 마을 천재라고 불렸다는 것.

그리고 감전일이 5학년 때 박 교장이 그를 형사 학교에 데리고 갔으며, 현재 감전일의 할아버지, 할머니는 두 분 다 돌아가셨다고 한다. 그동안 박 교장도 이 마을에 여러 번 왔었고, 할아버지, 할머니가 돌아가셨을 때는 직접 장례를 치러 줬을 정도로 감전일과 돈독한 사이라는 새로운 사실까지 알게 되었다.

그런데 감전일은 왜 아이들을 이곳으로 데리고 왔을까? 마을 어른들께 인사를 마치고 돌아오자 감전일이 말했다.

"자, 다들 주목하기 바란다. 이번 여름 캠프의 주제는 봉사 활동이야. 이제부터 각자 한 집씩 맡아서 밭일도 도와 드리고, 집 청소, 집 수리도 도와 드리는 거지. 으흐흐흐."

재미있어 못 견디겠다는 표정으로 말하는 감전일. 그에 비해 아이들은 마른하늘에 날벼락이라도 맞은 듯한 표정이었다.

감전일이 캠프를 맡았다고 해서 아이들은 기대가 많았다. 날카로운 감각과 치밀한 수사, 뛰어난 추리력으로 일본 최고의 명탐정이라 불리는 감전일. 그러니 배울 게 많을 거라고 잔뜩 기대하고 있었는데, 느닷없이 농촌 봉사 활동을 하라니!

여하튼 그렇게 황당한 여름 캠프가 시작되었다. 산골 마을이라 그런지 젊은 사람은 모두 도시로 떠나고 나이 드신 어르신들만 사는 동네. 손볼 곳, 도와 드릴 곳이 한두 군데가 아니었다.

밥도 직접 해 먹어야 하니 그것도 큰일. 또 좌변기는커녕, 나무판자 두 개 얹어 놓은 재래식 화장실은 여자아이들을 기겁하게 만들었다. 밤마다 들려오는 산짐승 울음소리에, 불빛만 보면 미친 듯이 달려드는 손바닥만 한 온갖 종류의 나방과 벌레들까지.

장포 마을은 해발 600미터 이상의 고지대에 위치해 있기 때문에 여름에도 서늘한

기후. 그래서 고랭지 채소를 주로 재배하고 있었다. 마을 뒷산에 올라 보니, 산등성이 하나가 전부 푸른 배추로 뒤덮여 있었다. 마침 배추를 수확하는 시기여서 아이들은 배추 수확을 도와 드리랴, 홍수 때문에 부서진 집을 고쳐 드리랴, 하루도 쉴 날이 없었다.

그런데 그사이 감전일과 박 교장이 하는 일이라고는 아침 먹고 마실 나갔다가, 점심 먹고 한숨 자고, 저녁 먹고 또 마실 나가는 게 전부. 감전일은 어쩌다 한번 고장 난 가전제품을 고쳐 주는 일을 할 뿐이었다. 안 형사도 밥하는 것 정도만 도와주는 상황이니 아이들은 너무 힘이 들었다. 어쩌다 이런 시세가 되었는지.

"아이고, 우리 마을에 온 손님들인데 이렇게 고생을 시켜서 어쩌누. 이리 와서 수박 좀 먹어 봐."

"와, 수박이다! 잘 먹겠습니다!"

"먹는 모습도 어쩜 이리 복스러울꼬."

아이들은 하루하루가 지나면서 이렇게 어르신들이 진짜 손자, 손녀들처럼 예뻐해 주시는 걸 느끼면서, 또 도와 드렸을 때 기뻐하시는 모습을 보면서 보람도 많이 느끼게 되었다.

사실 형사든 탐정이든 다른 사람을 위해 봉사하는 직업. 하지만 사건을 수사하고 만날 죄인들만 대하다 보면, 점점 마음이 무뎌져 이웃에 대한 관심과 따뜻한 마음은 잊어버리기 쉬운 법이다. 감전일은 아이들에게 그런 마음을 일깨워 주고 싶었던 것일까?

그리고 감전일에 대해서도 새로운 사실을 알게 되었다. 감전일의 아빠는 형사였고, 당시 경찰서장이던 박 교장 밑에서 일했다고 한다. 그런데 감전일이 아주 어릴 때 엄마가 돌아가셨고, 감전일이 아홉 살 되던 해 아빠마저 범인을 추적하던 중 사망하고 말았다. 그때부터 감전일은 장포 마을에서 할머니, 할아버지와 함께 살았다. 그래서 박 교장은 감전일을 만나러 이곳에 자주 왔으며, 형사 학교를 세우고 첫 번째 제자로 감전일을 데리고 올라갔다는 것. 또 박 교장은 감전일이 일본으로 유학을 간 후로도 감전일의 할아버지, 할머니를 뵙기 위해 해마다 이 마을을 찾았단다.

감전일 얘기만 나오면, 어르신들은 그에 대한 추억담을 한 보따리씩 풀어 놓으셨다.

"아이고, 아홉 살 때 여기 왔는데 얼마나 개구쟁이였는지 몰라. 주렁주렁 열린 호박에 나무젓가락을 죄다 꽂아 놓지를 않나, 배추 잎 위에 흙을 잔뜩 뿌리지를 않나……."

"그뿐이야? 감자밭에 오줌 누고 도망가고, 지붕 위에 올라가서 놀다가 떨어진 것도 여러 번이었지."

정말 못 말리는 장난꾸러기였던 것. 하기야 지금도 눈빛에 장난기가 가득하다. 아이들은 어르신들이 들려주는 감전일의 어린 시절 이야기에 배꼽을 잡았다.

감전일은 자신이 어린 시절을 보낸 이곳에서 자신이 받았던 어른들의 사랑을 후배들에게도 나눠 주고 싶었던 것이 아닐까? 그리고 감전일의 의도대로 아이들은 어느덧 이곳의 정취에, 그리고 할머니, 할아버지의 푸근한 사랑에 흠뻑 취하고 말았다.

 사라진 김말순 할머니

그렇게 일주일의 시간이 지나고 드디어 여름 캠프의 마지막 날 아침이 밝았다. 이제는 살았구나 하는 마음보다 아쉬운 마음이 더 크니, 일주일의 시간이 그리 나쁘지만은 않았나 보다. 그런데 아이들이 막 아침을 준비하고 있는데, 밖에서 다급한 목소리가 들렸다.

"전일아, 전일아! 빨리 나와 봐!"

박칠만 아저씨였다. 나이는 마흔이 넘었는데, 어렸을 때 뇌성마비를 앓아 일곱 살 정도의 지능을 가지고 있다는 아저씨. 아이들이 오자 좋아서 매일 아이들 뒤를 졸졸 따라다녔던 아저씨다.

그런데 이른 아침부터 무슨 일일까? 혹시 아이들이 오늘 떠나는 것을 알고 서운해서 온 것일까? 그런데 감전일의 얼굴을 본 아저씨가 울음을 터뜨렸다.

"전일아, 우리 엄마 없어. 으앙~"

박칠만 아저씨는 치매로 정신이 오락가락하는 어머니와 단둘이 살고 있다. 그럼 아저씨의 어머니인 김말순 할머니가 사라졌단 말인가? 감전일이 물었다.

"무슨 소리야? 할머니 집에 안 계셔?"

"응. 없어. 집에 없어."

"화장실 가신 거 아냐?"

"아니야. 없어. 내가 다 봤는데 없어. 우리 엄마 없어. 으앙~"

어린아이처럼 울음을 터뜨리는 아저씨. 다 같이 아저씨의 집으로 달려가 집 안 곳곳을 찾아봤다. 그런데 어디에도 할머니는 없었다. 혹시 지난밤, 치매로 정신이 온전치 못한 상태에서 집을 나가신 게 아닐까?

소식을 듣고 오신 옆집 할머니가 걱정되는 투로 말했다.

"지난번에도 칠만이 어머니가 갑자기 없어져서 온 동네가 찾아 나섰다니까."

"그때는 어디서 찾았는데요?"

"저기 큰길. 차가 쌩쌩 달리는데 한쪽에 우두커니 서 있더라고. 정말 큰일 날 뻔했지."

상황이 좋지 않다고 생각했는지 박 교장이 얼른 명령을 내렸다.

"흩어져서 찾아봐."

어젯밤 박칠만 아저씨가 잠든 이후 언제 나갔는지도 모른다니 그사이 어디까지 갔는지 알 수가 없다. 아이들은 큰길과 산, 그리고 마을로 나눠서 찾아보기 시작했다.

"어제 엄마가 고기 사다 미역국 끓여 준다고 했는데, 없어졌어. 오늘 내 생일인데 엄마 없어."

박칠만 아저씨가 시무룩한 얼굴로 울먹였다. 아들의 생일을 기억한 걸 보니, 할머니가 그때는 정신이 돌아왔던 모양이다. 그렇다면 정말 아들에게 미역국을 끓여 주기 위해 한밤중에 고기라도 사러 나갔단 말인가? 그러다가 길을 잃고 어딘가에서 헤매고 있는 것일까?

아이들과 마을 사람들이 구석구석 흩어져 찾아보았지만 김말순 할머니는 어디에도 없었다. 박 교장은 장포 경찰서에 실종 신고를 하고, 도움을 요청했다. 장포 경찰서에서 나온 경찰들도 수색에 동원되었다. 하지만 하루 종일 찾아도 할머니의 흔적조차 발견할 수 없었다.

두메산골이라 날이 금방 어두워졌다. 게다가 저녁에는 비까지 퍼붓기 시작해 수색을 더 이상 진행할 수 없는 상황. 할 수 없이 내일 다시 찾기로 하고, 경찰들은 돌아갔다. 아이들도 원래 오후에 서울로 올라갈 예정이었지만 할머니 찾는 일을 돕기 위해 일정을 연기했다. 늦은 시간까지 할머니를 찾다가 온 감전일은 얼굴에 수심이 가득했다.

할머니를 애타게 기다리던 박칠만 아저씨는 못 찾았다는 말에 다시 울고불고 난리가 났다.

김말순 할머니, 도대체 어디로 가신 것일까?

 할머니를 발견하다

다음 날, 다행히 비가 그쳐 아침 일찍부터 수색이 시작되었다. 그러나 시간이 지날수록 점점 불길한 예감이 들었다. 할머니가 정말 큰 사고라도 당한 것은 아닌지.

그런데 오후 3시쯤 장포 경찰서 허 서장이 박 교장에게 전화를 했다. 박 교장의 목소리가 높아졌다.

"찾았습니까?"

하지만 이내 어두워지는 표정. 분명히 좋지 않은 일임에 틀림없었다. 박 교장이 말했다.

"청포 마을이래."

청포 마을이라면, 여기 장포 마을에서 3킬로미터나 떨어진 곳. 그럼 할머니 혼자 거기까지 가셨단 말인가?

"하천 옆 풀숲에서 발견했대."

어떻게든 무사하실 거라는 작은 희망마저도 물거품처럼 사라지는 순간. 모두들 눈물이 글썽했다. 하지만 박칠만 아저씨는 할머니를 찾았다는 말을 곧이곧대로 알아듣고는 좋아라 하며 묻는 것이었다.

"정말 찾았어? 우리 엄마 찾았어?"

"응. 찾았어."

감전일이 대답했다. 하지만 이미 돌아가셨다는 말은 누구도 꺼낼 수 없었다. 따라가겠다는 아저씨를 겨우 달래서 옆집 할머니께 맡겨 놓고, 아이들은 박 교장, 안 형사, 그리고 감전일과 함께 현장으로 갔다.

시신이 발견된 지점은 청포 마을을 휘감아 흐르는 하천의 상류 지점. 물가의 커다란 돌에 걸려 있었는데 온몸이 진흙투성이였다. 어젯밤 비가 많이 와 하천 물이 불어났다 빠지는 바람에 흙이 젖어서 그렇게 된 것 같았다. 겉으로 보기에 큰 외상이 없고, 코와 기도의 점막에서 거품이 발견된 것, 그리고 가슴이 부풀어 커져 있는 것으로 봐서 익사가 확실해 보이지만 더 정확한 사인은 부검을 해 봐야 알 일.

"밤중에 길을 잃고 헤매다가 미처 하천을 발견하지 못했거나 아니면 발을 헛디뎌 빠진 건 아닐까?"

철민이가 자신의 의견을 말하자 아이들이 고개를 끄덕였다.

"어제 이쪽까지 샅샅이 뒤졌는데도 못 찾았잖아. 할머니가 없어진 그 날 밤이나 새벽에 물에 빠진 게 분명해."

운동이가 말했다. 그런데 하천 윗길을 둘러보던 남우가 말했다.

"그런데 좀 이상해. 왜 할머니는 넓은 길을 놔두고 이 좁은 길로 들어오셨을까?"

정말 하천 윗길은 상당히 좁은 데다 풀이 무성하게 자라 있는 것으로 봐서 사람의 왕래가 많지 않은 길 같았다. 별이가 말했다.

"한밤중인 데다가 지리도 낯설고 하니까 잘못 들어선 것 아닐까?"

그때였다. 아무 말 없이 둘러보고만 있던 감전일이 말했다.

"위로 가 보자."

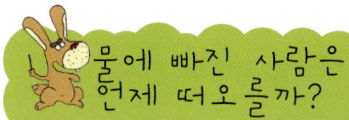

물에 빠진 사람은 언제 떠오를까?

사람이 물에 빠져 사망하면 처음에는 밑으로 가라앉아. 사람 몸의 비중이 물보다 크고, 부력을 골고루 받지 않기 때문이야. 하지만 시간이 지나 장기 등이 부패하면서 생성된 가스가 복부에 차게 되면, 부력에 의해 몸이 물 위로 떠오르게 되지. 부패는 수온에 많은 영향을 받기 때문에, 여름에는 사망 후 2~3일 만에 떠오르지만 겨울에는 상당한 시간이 지나야 돼.

위로 가 보자고? 그렇다면 감전일은 추락 지점이 이곳이 아니라고 생각하는 것인가? 감전일이 말했다.

"풀이 아직 물에 잠겨 있는 것으로 봐서 평소 이 위치는 물에 잠기지 을 거야. 비가 와서 일시적으로 물이 찼을 뿐. 그렇다면 이 위치에 시신이 있는데 비가 내려 물이 불기도 전에 여기서 익사했다는 게 말이 되나? 그리고 어젯밤에 비가 그렇게 많이 왔는데 시신이 쓸려 내려가지 않고 이 자리에 있을 수 있었겠어?"

다시 말해, 이곳에서 물에 빠진 게 아니라 하천 위쪽에서 빠져 익사한 후 불어난 물과 함께 떠내려오다가 돌에 걸린 것이라는 말. 감전일의 날카로운 지적에 아이들은 할 말이 없었다.

"일단 할머니가 어떻게 이곳까지 왔는지부터 추적해 보죠."

안 형사가 의견을 내놓자 장포 경찰서 허 서장이 말했다.

"잠깐만요. 지도 가져올게요."

그러자 감전일이 휴대전화를 꺼내며 말했다.

"아니요. 됐어요. 이걸로 보면 돼요."

그러더니 휴대전화에서 능숙하게 지도를 검색해 보여 주며 말했다.

"장포 마을에서 내려오면 장포로와 만나게 돼요. 그 길을 따라 쭉 내려오면 세 갈래 길이 나오는데, 그중 두메골과 청포재로 가면 두 길이 다시 합쳐져요. 그리고 그 길이 다리로 연결되죠. 여기서 300미터 정도 올라가면 그 다리가 있어요. 일단 그쪽부터 가 볼게요."

자신의 고향이라 길을 잘 알고 있는 듯. 감전일의 말에 박 교장이 명령을 내렸다.

"그럼 허 서장님은 부검 의뢰해 주시고요. 감 탐정은 추락 위치 확인하고, 안 형사는 목격자 탐문이랑 CCTV 찾아봐."

"네!"

그렇게 해서 CSI 아이들은 감전일, 안 형사와 함께 수사를 진행하게 되었다.

 할머니의 흔적을 찾아라!

하천을 따라 위쪽으로 300미터 정도 올라가니, 작은 시멘트 다리 하나가 나왔다. 다리 양옆으로 50센티미터 정도 높이의 난간이 있고, 주변에는 가로등 하나 없는 길.

아이들은 사고 흔적을 찾기 위해 주변을 샅샅이 살피기 시작했다. 잠시 후, 철민이가 다리 바로 아래의 둑을 가리키며 소리쳤다.

"어, 저기! 신발이야!"

풀숲 사이에 보라색 신발 한 짝이 떨어져 있었다. 철민이가 얼른 내려가 증거물 봉지에 담아 가져오니, 별이가 놀란 표정으로 말했다.

"할머니 신발 맞아. 신고 계신 거 봤어."

그렇다면 여기가 진짜 추락 지점이다. 수리가 이상한 듯 물었다.

"그런데 다리에 난간이 있잖아. 난간이 50센티미터는 되는데, 발을 헛디뎌 물에 빠질 수 있을까?"

그러고 보니 좀 애매하다. 아이들은 감전일을 쳐다보았다. 마치 그의 의견을 묻는 것처럼. 하지만 감전일은 깊은 생각에 잠겨 있는 듯 아무 대답이 없었다. 아이들은 다시 주변을 둘러봤지만 신발 외에 다른 증거물이나 흔적은 남아 있지 않았다.

한편, 안 형사 팀은 목격자를 찾아 나섰다. 그러나 워낙 집도 띄엄띄엄 있고, 사람의 왕래도 많지 않은 길. 게다가 한밤중이었기 때문에 목격자는 한 명도 찾을 수 없었다. 그래서 장포 경찰서로 가서 할머니가 지나갔을 것으로 추정되는 도로에 CCTV가 설치되어 있는지 알아보니, 모두 세 곳에 있었다. 장포로에서 세 갈래 길이 나오는 곳에 한 대, 두메골 방향으로 500미터 떨어진 곳과 청포재 방향으로 350미터 떨어진 위치에 각각 한 대씩. 안 형사와 아이들은 곧바로 세 대의 CCTV에 기록된 데이터를 찾아보았다.

그런데 거기에 정말 있다. 원소가 화면을 가리키며 말했다.

"저기 봐. 김말순 할머니 아냐?"

작고 마른 체구와 걸음걸이, 그리고 옷차림으로 봐서 맞는 것 같았다. 할머니가 사라진 바로 그날 밤 11시 52분, 세 갈래 길에서 두메골 쪽으로 가는 모습이었다. 운동이가 말했다.

"두메골 데이터도 확인해 보자."

역시 거기에도 있다. 밤 12시 13분. 할머니는 길을 잃은 듯 여기저기 둘러보며 불안한 걸음걸이로 지나가고 있었다.

"김말순 할머니가 맞네. 두메골 CCTV 위치에서 감 탐정이 말한 다리까지는 거리가 700미터 정도야. 할머니의 보행 속도로는 다리까지 30분쯤 걸렸을 거야."

안 형사가 말했다. 그렇다면 사고 추정 시간은 밤 12시 40분쯤이다.

그때, 감전일과 CSI 아이들이 현장에서 발견한 신발을 가지고 돌아왔다. 모두 모이자 허 서장이 말했다.

"그럼 뭐 간단하네요. 밤길에 이리저리 헤매다가 두메골로 간 거죠. 그러다가 다리에서 발을 헛디뎌 빠진 거예요. 그러니까 치매 걸린 노인을 그렇게 내버려 두면 되나. 잘 지켜야지."

그러자 감전일이 버럭 화를 냈다.

"아직 부검 결과 안 나왔잖아요! 속단하지 마세요!"

"결과야 뻔하지. 척 보니까 익사던데."

허 서장이 대꾸하자 감전일은 벌떡 일어나며 말했다.

"부검 결과 좀 빨리 알려 달라고 해 주세요."

그러고는 밖으로 나가 버리는 감전일. 완전 살벌한 분위기다. 허 서장이 기가 막힌 얼굴로 박 교장에게 불만을 터뜨렸다.

"저 사람은 뭡니까? 형사도 아니라면서. 허참, 새파랗게 젊은 사람이, 일본에서 유명한 탐정이면 다예요? 여기가 뭐 일본이냐고요!"

"돌아가신 분하고 잘 알던 사이라 충격이 커서 그럴 겁니다. 그러니까 허 서장이 좀 이해해 주세요."

박 교장의 말에 조금 누그러진 허 서장.

"그래도 그렇지, 흠흠. 여하튼 날도 어두워졌으니, 오늘은 들어가세요. 내일 아침에 부검 결과 나오면 바로 전화 드릴게요."

마을에 돌아와 보니, 이미 울음바다가 되어 있었다. 아저씨도 할머니의 죽음을 아는지 하루 종일 엄마 만나러 간다며 울었단다.

"말을 해 줄 수도 없고, 안 해 줄 수도 없고. 불쌍해서 원."

옆집 할머니가 혀를 끌끌 차며 말했다. 그러자 감전일이 박칠만 아저씨에게 다가가 말했다.

"아저씨, 이제 할머니 안 와. 여기보다 훨씬 좋은 데로 가셨어."

"좋은 데? 어디?"

"저기 하늘나라."

"하늘나라? 하늘나라는 죽어야 가는 건데. 우리 엄마, 죽었어?"
모두들 숨을 죽이고 감전일의 대답을 기다렸다.
"응."
"엄마!"
다시 울음을 터뜨리는 아저씨. 그러자 감전일이 버럭 소리를 질렀다.
"울지 마! 아저씨, 바보야? 어린애야? 할머니가 아저씨 보살피느라 고생 많이 하셨는데, 이제 좀 쉬셔야지. 하늘나라에서 아저씨가 혼자 잘 사나 어쩌나 다 보고 계실 테니까 이제 울지 마. 아저씨가 울면 할머니 속상해 하시잖아."
"엄마 속상해? 알았어. 우리 엄마 쉬라고 해. 이제 나 안 울 거야."
눈물을 닦으며 억지로 울음을 참는 아저씨의 모습에 아이들은 참았던 눈물이 왈칵 쏟아졌다. 박 교장도, 안 형사도 가까스로 눈물을 삼켰다. 옆집 할머니가 아저씨의 등을 쓰다듬으며 말했다.
"아유, 우리 칠만이 착하네. 엄마가 좋아하겠네."
그렇게 장포 마을에서의 슬픈 밤이 지나갔다.

 감전일의 날카로운 추리

다음 날 아침 일찍, 부검 결과가 나왔다. 박 교장과 안 형사, 감전일, 그리고 아이들은 장포 경찰서로 갔다.

허 서장은 그것 보라는 듯 자신만만한 표정으로 부검 결과를 발표했다.

"외관상으로 코와 기도의 점막에 거품이 보이고, 가슴이 부풀고 선홍색 점이 보이는 것, 그리고 부검 결과, 폐가 팽창되어 좌폐와 우폐의 안쪽이 접힐 정도로 부푼 익사폐 현상이 나타나는 것으로 봐서, 사망 원인은 익사라는 결론이 나왔습니다."

감전일이 물었다.

"외상은 없나요?"

"왼쪽 무릎 골절 외의 외상은 없다고 나왔네요. 할머니가 치매 환자라 길을 잃고 헤맸던 것으로 보이고, 걸음걸이가 다소 불편했던 점, 그 지역에 가로등이 없어서 한밤중에는 시야 확보가 어려운 점 등으

로 봐서, 길을 잃고 헤매다가 발을 헛디디는 바람에 하천으로 떨어져 익사한 것으로 결론을 내릴 수 있겠습니다."

허 서장이 자신 있게 말했다. 아이들은 고개를 끄덕였지만, 감전일은 다시 캐물었다.

"발을 헛디뎌 하천으로 떨어졌다면 나무나 돌에 긁힌 자국이나 멍든 자국이 있어야 되는 거 아닙니까? 게다가 왼쪽 무릎의 골절이라……. 그건 어떻게 생긴 걸까요?"

허 서장이 기분이 상한 듯 퉁명스럽게 대답했다.

"다리 중간 지점에서 떨어져서 다른 장애물에 부딪치지 않았나 보죠. 그리고 거기 다리 보면 난간 있잖아요. 무릎 골절은 거기에 부딪쳐서 생긴 거겠죠."

"발을 헛디뎌 난간에 툭 부딪쳤는데, 골절이라고요? 골절이 일어났다면 뭔가 훨씬 강한 충격을 받은 게 분명해요. 게다가 만약 표면이 거친 시멘트 난간에 부딪쳤다면 옷이나 몸에 쓸린 자국이 남아 있어야 됩니다. 안 그렇습니까?"

그러자 허 서장이 비꼬는 듯한 말투로 물었다.

"그럼 뭣 때문에 골절이 일어났다는 겁니까?"

"자동차 범퍼에 부딪친 겁니다."

"자동차 범퍼요? 그럼 교통사고라는 말입니까?"

허 서장이 황당하다는 듯 물었다. 아이들도 놀랐다. 교통사고라니!

전혀 예상치 못한 사인이다. 할머니가 자동차 범퍼에 부딪쳐 하천으로 추락했다는 말인데, 감전일은 어떻게 모두의 예상을 깬 그런 추리를 할 수 있었을까?

명탐정 감전일. 일주일 내내 자거나 놀거나 아니면 썰렁한 농담이나 하는 모습만 봐서 그에 대한 소문이 사실인가 싶을 정도였는데, 이제 보니 역시 명탐정. 감전일의 추리가 사실인지는 아직 밝혀지지 않았지만 아이들은 감전일의 말을 하나라도 놓칠세라 귀를 쫑긋 세웠다.

허 서장은 다시 반론을 폈다.

"자동차 범퍼에 부딪쳤으면 바닥에 넘어지거나 했을 텐데, 그러면 골절 말고도 몸에 다른 흔적이 남아 있어야 되는 거 아닌가요?"

그러자 감전일이 그림을 그려 가며 설명했다.

"부검의에게 다시 확인해 보세요. 골절 부위의 충격 방향은 아마 왼쪽 무릎 뒷부분일 겁니다. 할머니가 다리를 건너려는 순간, 자동차가 산고재 쪽에서 다리로 진입하면서 할머니를 못 본 거예요. 산고재 쪽 도로는 내리막길인 데다 다리 부근은 곡선 도로이기 때문에 운전자가 부주의했다면 할머니를 보지 못했을 가능성은 충분하죠. 차가 곡선을 그리며 빠른 속도로 다리로 진입하다가 할머니와 충돌, 그 충격으로 몸이 작고 가벼운 할머니는 튕겨 나갔고, 결국 하천으로 추락, 익사한 것입니다. 자동차에 충돌한 순간 몸이 붕 떠서 튕겨 나가 바로 하천으로 빠졌기 때문에, 무릎 골절 외에 넘어지거나 부딪친 흔적이 없는 거죠. 그리고 그 와중에 신발 한 짝이 다리 아래로 떨어진 거고요."

그렇다. 직선 도로를 달리던 자동차와 충돌하면 앞으로 튕겨 나가게 되지만, 굽어진 곡선 도로를 달리던 차와 충돌하면 곡선의 접선 방향으로 튕겨 나가게 된다. 그러니까 할머니가 곡선을 그리며 다리로 접어드는 차와 충돌했다면 붕 떠서 다리 아래 하천으로 추락했을 수 있다.

감전일의 설명이 끝나자 다들 아무 말도 하지 못했다. 허 서장뿐 아니라 박 교장, 안 형사, 그리고 아이들 중 누구도 그런 가능성은 생각하지 못했다. 물론 아직 확실한 증거가 나온 것은 아니다. 하지만 감전일의 말대로 무릎 골절이 단순히 난간에 부딪쳐서 생긴 것이 아님은 분명하다. 그런데 허 서장이 갑자기 크게 웃으며 다시 반대 의견을 냈다.

"하하하. 이 동네 살아서 잘 안다면서요. 산고재 쪽은 차량 통행이 거의 없는 도로예요."

산고재는 다리와 연결된 또 하나의 도로. 장포 마을과는 산 하나를 사이에 두고 있는 가랑 마을로 가는 길이다. 그러고 보니 그동안 할머니가 장포 마을에서 어떻게 청포 마을까지 갔는지에만 신경을 썼지, 그 외의 길은 염두에 두지 않았다.

"그건 산고재 쪽 CCTV를 찾아보면 알겠죠. 너희들은 현장 감식 처음부터 다시 하고, 사건 발생 시각 산고재 쪽 CCTV 데이터 찾아봐."

감전일이 아이들에게 명령했다. 그렇다면 감전일은 처음 다리에 갔을 때부터 뺑소니 차량에 의한 사고라고 생각했던 것일까?

아이들이 모두 어리벙벙해 있는데, 감전일이 다시 명령을 내렸다.

"오늘 밤 안에 뺑소니 차량 잡아 오라고."

헉! 이게 무슨 말씀. 아이들은 난감했다. 환상적인 추리이기는 하나, 현장에는 교통사고를 증명하는 단서가 아무것도 없었다. 수리가 별이에게 속삭였다.

"어제 도로 위에 스키드 마크 없었지?"

별이가 고개를 끄덕였다. 그런데 어떻게 오늘 밤 안에 뺑소니 차량을 찾는단 말인가. 그때였다. 허 서장이 고개를 절레절레 저으며 말했다.

"좋습니다. 어디 잡아 와 보세요. 흠흠."

그러고는 쌩하고 나가 버리는 허 서장. 기분이 많이 상한 모양이다. 이렇게 되면 모든 책임이 아이들에게 넘어온 상황. 아이들은 부담감이 확 밀려오고, 마음이 급해졌다.

 # 뺑소니 차를 찾아라!

아이들은 일단 산고재 CCTV 데이터부터 찾아보았다. 그런데 CCTV가 설치된 위치는 고개가 시작되기 전 가랑 마을 사거리뿐. 충돌 시간이 12시 40분 전후라 했을 때, 가랑 마을 사거리에서 청포 마을 다리까지 오는 시간을 계산하여 밤 12시 이후 통행한 차량의 데이터를 찾아보니, 모두 22대였다.

사거리를 지난 다음 산고재뿐 아니라 여러 갈래 길이 나오니, 그 차량들이 전부 산고재로 왔을 거라고 추측할 수는 없다. 그나마 다행인 것은 비교적 차량 색깔과 번호판을 식별할 수 있을 정도로 찍혀 있다는 것. 그러나 22대의 차량들을 모두 찾아 조사하려면 시간이 너무 오래 걸린다. 용의 차량을 골라낼 수 있는 다른 단서를 찾아야 한다.

"현장에 다시 가 보자. 바퀴 자국이나 차량에서 떨어져 나온 부품 같은 게 있을 수도 있잖아."

태양이가 말했다. 사실 어제는 단순한 추락 사고라고 생각해 그런 흔적까지 면밀하게 살피지 않았던 것이다. 사건 현장에 다시 가 보니, 감전일이 설명했던 추리 내용이 더 확실하게 그려졌다.

할머니가 지나간 두메골 도로와 차량이 진입한 산고재 쪽 도로는 다리 입구에서 'ㅅ'자 모양으로 만난다. 게다가 산고재 쪽 도로는 내리막길.

차량이 가속됐을 가능성이 있다. 또 다리로 접어드는 길은 곡선 도로라서 두메골 방향에서 오는 사람을 못 보았을 가능성도 크다. 게다가 가로등도 없어서 밤이 되면 몇 미터 앞의 사람도 분간하기 힘들 정도로 칠흑같이 어두운 길. 헤드라이트가 있더라도 운전자가 부주의했다면 갑자기 튀어나온 할머니를 못 보았을 수 있다. 또 곡선 도로니까 그곳을 주행하던 차량과 부딪친 순간 할머니가 곡선의 바깥쪽으로 튕겨 나가 하천으로 떨어지는 것도 가능하다.

아이들은 흩어져서 다리 근처와 산고재 쪽 도로, 두메골 쪽 도로를 샅샅이 뒤졌지만 별다른 흔적은 발견되지 않았다.

"도로도 다리도 모두 흙으로 덮여 있고 그저께 밤에 비까지 내렸으니, 스키드 마크가 남았을 리가 없지."

철민이가 푸념하듯 말하자 태양이가 의견을 말했다.

"일단 22대의 차량을 다 조사해 보면 어떨까? 할머니 무릎에 그 정도 골절을 일으킬 정도라면 범퍼도 분명히 찌그러졌을 거야."

"하지만 아직까지 그대로 뒀을까?"

별이가 고개를 갸우뚱하며 말했다. 그런데 바로 그때, 운동이가 무언가 번쩍 떠오른 듯 말했다.

"잠깐, 잠깐만! 범퍼에 부딪쳤고, 할머니는 무릎 골절이라고 했지! 가만, 할머니 바지, 바지 어디 있지?"

"증거물 보관실에 있겠지. 어제 보니까 진흙이 잔뜩 묻어 있던데. 그런데 바지는 갑자기 왜?"

철민이가 묻자 운동이가 대답했다.

"물체가 가지고 있는 일을 할 수 있는 능력을 에너지라고 해. 물체가 기준 위치보다 높이 있을 때 갖게 되는 위치에너지, 운동하는 물체가 갖게 되는 운동에너지, 그리고 화학에너지, 빛에너지, 전기에너지 등 여러 종류의 에너지가 있지."

"에너지? 에너지랑 바지랑 무슨 관계가 있는데?"

남우가 답답한 듯 물었다. 운동이가 다시 대답했다.

"당연히 관계가 있지. 에너지는 형태가 바뀔 수 있어. 추운 날 꽁꽁 언 손을 마주 비비면 따뜻하게 느껴지는 이유는, 손바닥을 비비는 운동에너지가 마찰에 의해 열에너지로 전환되기 때문이야. 또 선풍기가 바람을 일으키며 돌아갈 수 있는 것은 전기에너지가 날개를 돌리는 운동에너지의 형태로 바뀌었기 때문이지. 이렇게 에너지의 형태가 바뀌는 것을 에너지 전환이라고 해."

운동이의 설명을 듣던 수리도 번쩍! 운동이가 바지에서 무엇을 찾으려 하는지 알아차렸다. 수리가 운동이에게 물었다.

"그럼 페인트 자국을 찾으려는 거야?"

그러자 화산이가 도무지 모르겠다는 듯 물었다.

"아이참, 페인트 자국은 또 뭐야?"

이번엔 수리가 대답했다.

석유는 화석 연료

석유는 땅속에 파묻힌 생물의 유해가 오랜 세월에 걸쳐 화석화되어 만들어진 연료이기 때문에 화석 연료라고 해. 석탄이나 천연가스도 화석 연료지. 화석 연료는 인류가 가장 오래, 그리고 가장 많이 사용한 에너지야. 하지만 문제는 화석 연료의 매장량이 한정되어 있다는 거지. 지금과 같은 수준으로 사용하면 석탄은 앞으로 100년, 석유는 40년 정도밖에 쓸 수 없대.

"자동차도 에너지 전환과 관련이 있어. 일단 자동차는 석유와 같은 연료가 연소되며 발생된 화학에너지를 바퀴를 움직이는 운동에너지로 전환시켜 달릴 수 있게 만든 것이지. 그런데 자동차가 급정거를 하면 그 운동에너지가 바닥과의 마찰에 의해 열에너지로 전환되는데, 그 열에 의해 타이어가 녹게 돼. 녹은 타이어가 도로에 달라붙어 생기는 자국이 바로 스키드 마크야."

"스키드 마크는 못 찾았잖아."

화산이가 고개를 갸웃하자 운동이가 이어서 대답했다.

"맞아. 그런데 이러한 에너지 전환 현상은 타이어뿐 아니라 충돌 부위에서도 나타나거든. 달리는 차에 사람이 부딪치면 운동에너지가 마찰에 의해 열에너지로 전환, 순간적으로 뜨거운 열이 가해지면서 차체나 범퍼에 있던 페인트가 녹는데, 이것이 피해자의 옷이나 피부에 묻게 되는 거야. 반대로 사람의 피부나 섬유가 차체에 묻기도 하고. 차량의 속도가 빠를수록 이와 같은 흔적을 남길 가능성이 높아."

별이가 고개를 끄덕이며 말했다.

"그러니까 할머니의 바지에도 가해 차량의 페인트 자국이 남아 있을 수 있다는 거네."

"그렇지. 무릎 골절을 일으키고 할머니가 붕 날아서 하천에 떨어질 정도의 충돌이라면 자동차의 속도는 꽤 빨랐겠지. 그러니까 분명 열에너지에 의해 페인트가 녹아서 옷에 묻었을 거야."

아이들은 곧바로 증거물 보관실로 향했다. 그리고 할머니가 입고 있던 바지를 찾아내 왼쪽 무릎 뒷부분을 살폈다. 그사이 진흙이 말라 바지에서 떨어져서 그런지 처음엔 보이지 않았던 페인트 자국이 보였다.

"정말 페인트 자국이 남아 있네!"

남우가 신기한 듯 외쳤다.

"흰색이야. 그럼 22대의 용의 차량 중 일단 흰색 차량만 가려 보자."

운동이가 말했다. CCTV에 찍힌 차량 가운데 흰색은 모두 일곱 대. 용의 차량 수가 훨씬 줄어들었다.

"좋아. 그럼 페인트 자국 분석을 의뢰하자. 그럼 차종과 생산 연도를 알 수 있으니까."

운동이의 말에 별이가 깜짝 놀라며 물었다.

"정말? 페인트 자국만으로 그런 것까지 알 수 있어?"

그러자 화학 형사 철민이가 나서며 설명했다.

"물론이지. 우리 눈에는 흰색으로 보이는 페인트일지라도 현미경으로 보면 녹색, 적색, 은색 등 전혀 다른 여러 개의 색깔 층이 나타나. 또 차의 종류마다 페인트 종류도 다르지. 같은 색깔의 차량이라도 제조사 및 차종과 생산 연도에 따라서도 달라. 그래서 교통사고 피해자의 옷이나 몸에 묻어 있는 페인트를 분석해 보면, 뺑소니 차량의 종류와 생산 연도를 알 수 있어. 또 그걸 용의 차량의 페인트와 비교현미경으로 분석했을 때 페인트 층을 이루는 색깔과 그 순서가 같으면, 확실한 증거물로 볼 수 있지."

의외로 똑똑하고 박학다식한 철민이다. 아이들은 곧바로 할머니의 바지에 묻어 있는 페인트의 분석을 의뢰했다. 5시쯤 되자 결과가 나왔다. C사의 2005년산 흰색 골라타. 일곱 대의 흰색 차량 가운데 골라타는 딱 한 대였다.

"이거야! 35마 6234."

아이들은 즉시 차적 조회를 했다. 조회 결과, 차의 주인은 강원도 정선군에 사는 35세 도주중이라는 사람. 아이들은 곧바로 도주중을 만나러 갔다. 그런데 도주중의 차는 범퍼가 멀쩡하다 못해 앞뒤 전부 새로 교체한 티가 팍팍 나는 것이었다. 도주중은 혐의를 강하게 부인했다.

"뺑소니라니, 사람을 어떻게 보는 거야? 그 동네는 잘 아는 동네라 눈 감고도 운전할 수 있는 곳인데, 내가 왜 사고를 내?"

태양이가 물었다.

"그럼 범퍼는 언제 교체하셨죠?"

"일주일도 넘었어. 수리한 카센터에 가서 물어보면 될 거 아냐."

아이들은 도주중을 따라 그가 일주일 전에 범퍼를 교체했다는 카센터로 갔다. 카센터 사장, 송영창은 도주중의 말이 맞다고 했다.

"범퍼가 여기저기 많이 긁혀서 바꾼 거야."

그러자 수리가 물었다.

"차량이 출고된 이후 이번에 범퍼를 처음 바꾸신 건가요?"

도주중은 살짝 당황하더니 대답했다.

"그, 그렇지. 처음 바꾼 거지."

이번엔 운동이가 송영창에게 물었다.

"전문가시니까 잘 아시겠네요. 똑같은 색의 페인트라도 차종이나 차량이 출고된 연도마다 페인트 종류가 다 다르다는 건 아시죠?"

"그, 그럼. 알지."

"피해자의 바지에 묻은 페인트가 이 차 출고 연도의 페인트와 똑같다는 감식 결과가 나왔어요. 그래도 의심이 가시면 범퍼만 바꾸셨으니까 차체에서 페인트를 채취해 비교해 보죠. 그리고 거짓 증언은 위증죄로 처벌 받는다는 건 아시죠?"

운동이가 강력하게 나오자 송영창은 덜컥 겁먹은 표정. 도주중도 당황한 표정이 역력했다. 송영창은 울상을 지으며 도주중에게 말했다.

"주중아, 어떡하냐. 그냥 자수해라!"

도주중과 송영창은 친구 사이. 예상대로 도주중의 부탁을 받은 것이었다. 도주중은 더 이상 피할 수 없음을 느꼈는지 자백을 했다.

그날 밤, 가랑 마을에 사는 친구 집에 갔다가 돌아오는 길. 사고 현장은 워낙 익숙한 길이고, 밤에는 사람의 왕래가 전혀 없는 길이라 크게 주의하지 않고 운전을 했던 것.

"그런데 내리막길을 내려와 다리로 접어드는 순간, 뭔가 부딪쳤다 튕겨 나가는 느낌이 드는 거야. 깜짝 놀라서 차를 세우고 내려서 봤지. 범퍼가 푹 들어가 있더라고. 그래서 처음에는 산짐승인가 했었어."

하지만 불안한 생각이 들어 일단 범퍼를 바꾸고, 카센터 사장인 친구 송영창에게 혹시나 오늘 같은 상황이 생기면 지난주에 바꾼 거라 말해 달라고 부탁했던 것.

김말순 할머니의 사인은 그렇게 뺑소니 차량에 의해 하천에 추락, 익사한 것으로 결론이 났다. 장포 경찰서에 도주중을 인계하러 가니, 허 서장도 더 이상 할 말이 없는 표정. 아이들은 감전일 선배의 체면을 세워 준 것 같아 기뻤다. 그리고 무엇보다 다행인 것은 묻힐 뻔한 할머니의 사인을 명백히 밝힌 것이었다.

밤 10시가 다 되어 마을로 돌아가자 박 교장과 감전일, 그리고 안 형

사는 박칠만 아저씨 댁에서 할머니의 장례 준비를 하고 있었다. 아까는 그렇게 날카롭고 예리하더니, 어느덧 초췌하고 쓸쓸한 모습의 감전일. 할머니를 잃은 손자의 모습이었다. 아이들도 마음이 아팠다. 이제부터 혼자 살아가야 할 박칠만 아저씨도 걱정이 되었다. 물론 마을 사람들이 살뜰히 보살필 테지만 말이다.

3년 전까지만 해도 김말순 할머니는 정신이 아주 맑았단다. 늘 감전일을 친손자처럼 아껴 주셨다고 하니, 정말 친할머니를 잃은 것과 같은 마음이 아닐까?

깊어 가는 여름밤, 아이들의 파란만장한 여름 캠프는 그렇게 끝이 났다.

운동이가 들려주는 사건해결의 열쇠

김말순 할머니의 실종과 사망 사건. 실수로 인해 추락, 익사한 사건이 아니라, 뺑소니 교통사고였음을 증명할 수 있었던 것은 에너지에 대해 잘 알았기 때문이지.

💡 에너지란?

에너지란 물체가 가지고 있는 일을 할 수 있는 능력을 말해. 우리 주변에서 일어나는 여러 가지 현상 중에는 에너지와 관련된 것이 아주 많아. 에너지는 끊임없이 움직이고 변화하면서 여러 가지 현상을 만들어 내거든.

에너지의 종류는 자원으로 분류하기도 하고, 형태로 분류하기도 해. 자원으로 분류해 보면, 태양에너지, 바람에너지, 석유에너지, 석탄에너지, 우라늄에너지 등으로 나눌 수 있어. 또 형태로 분류하면 운동에너지, 위치에

〈태양에너지, 바람에너지, 석유에너지〉

지, 전기에너지, 열에너지, 빛에너지, 화학에너지 등으로 나눌 수 있지.

위치에너지는 물체가 특정 위치에서 갖는 에너지를 말해. 기준이 되는 위치에서 물체까지의 높이가 높을수록 그 물체가 갖는 위치에너지도 커져. 또 운동에너지는 운동하고 있는 물체가 갖고 있는 에너지를 말하고, 화학에너지는 화학 반응이 일어날 때 발생하거나 흡수되는 에너지를 말해.

에너지 전환

그런데 에너지는 절대 없어지지 않아. 다만, 형태를 바꿀 뿐이지.

바닥에 놓인 공을 들어올리면, 처음보다 높은 곳에 위치하기 때문에 공은 위치에너지를 가지게 되지. 그런데 공을 놓는 순간, 공은 바닥으로 떨어지기 시작해. 물체가 움직일 수 있다는 것은 운동에너지를 가지고 있다는 뜻. 그럼 공이 바닥으로 떨어지는 데, 즉 운동하는 데 필요한 에너지는 어디에서 왔을까? 바로 처음에 공이 가지고 있던 위치에너지가 운동에너지로 형태를 바꾼 거야. 이렇게 에너지의 형태가 바뀌는 것을 '에너지 전환'이라고 해.

위치에너지가 운동에너지로 전환　　　전기에너지가 운동에너지로 전환

〈에너지의 전환〉

손바닥을 비비면 따뜻해지는 것, 전기를 꽂으면 선풍기 날개가 돌아가 시원한 바람을 쐴 수 있는 것, 석유를 넣으면 자동차가 달릴 수 있는 것, 스위치를 올리면 전등이 켜지며 밝은 빛이 나오는 것까지, 모두 에너지가 전환되기 때문에 가능한 일이지. 손을 비비면 따뜻해지는 것은 운동에너지가 열에너지로 바뀌었기 때문이고, 선풍기 코드를 콘센트에 꽂으면 날개가 돌아가는 것은 전기에너지가 날개를 돌려 주는 운동에너지로 바뀌었기 때문이지.

에너지 보존

에너지는 형태만 바뀔 뿐, 새로 생겨나거나 없어지지 않아. 예를 들어, 공기의 저항이나 마찰이 없는 상태에서 공이 가지고 있던 위치에너지가 운동에너지로 전환되며 공이 바닥으로 떨어지는 동안, 각 위치에서의 위치에너지와 운동에너지의 합은 항상 같지.

하지만 때에 따라 에너지가 고스란히 한 가지 에너지로 전환되는 것은 아니야. 전등을 켜면 전기에너지가 빛에너지로 전환되는데, 전기에너지의 양이 모두 빛에너지로 전환되지는 않아. 그럼 에너지가 보존되지 않는 걸까?

그렇지 않아. 전기에너지의 일부는 열에너지로 전환되어 전구를 따뜻하게 데우거든. 그러니까 전기에너지가 빛에너지와 열에너지로 전환되고, 그 합은 항상 일정하다고 할 수 있지. 이렇게 에너지의 총량은 항상 일정하다는 것을 '에너지 보존 법칙'이라고 해.

자동차 충돌과 에너지 전환

달리는 차는 운동에너지를 가지고 있어. 그런데 충돌이 발생하면, 자동차와 충돌한 물체 사이에 마찰이 일어나면서 운동에너지의 일부가 마찰에 의해 열에 지로 전환되지. 결국 순간적으로 뜨거운 열이 가해지면서 차체나 범퍼에 있던 페인트가 녹아 피해자의 옷이나 피부에 묻기도 해. 반대로 사람의 피부나 섬유가 차에 묻기도 하고. 차량의 속도가 빠를수록 이와 같은 흔적이 남을 가능성이 높지.

그래서 차량 페인트 자국은 아주 중요한 증거물이 될 수 있어. 같은 색깔의 페인트라도 현미경으로 관찰하면 서로 다른 색깔 층으로 구성되어 있거든. 페인트를 분석하면 자동차의 색깔뿐 아니라 차종과 생산 연도, 제조사 등을 알 수 있고, 용의 차량의 페인트와 비교 분석이 가능하지.

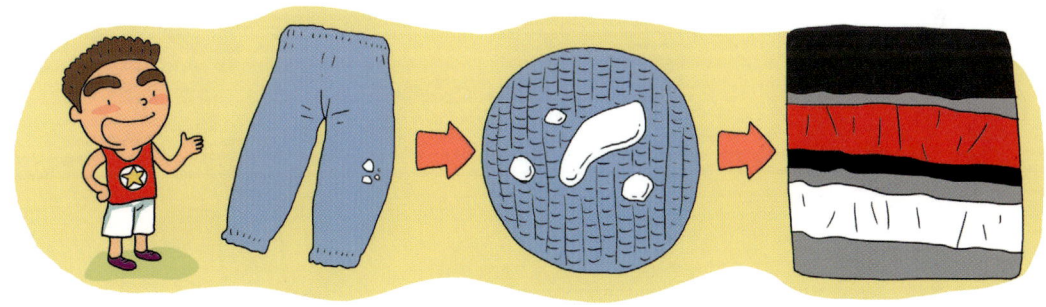

〈차량 페인트 자국의 분석〉

그러니까 생각해 봐. 감전일 선배가 뺑소니 차량의 소행이라는 추리를 내놓았지만, 용의 차량을 알아내는 게 쉽지 않았지. 그런 상황에서 **차량 충돌 시 에너지 전환에 의해 피해자의 옷에 페인트 자국이 남을 수 있음**을 생각해 냈고, 결국 페인트 자국을 분석하여 범인을 잡을 수 있었던 거야.

핵심 과학 원리 | 확산 현상

 유물 도난 사건

일주일로 계획된 캠프가 예상치 못한 사건으로 3일이나 연장된 후, 아이들은 안 형사와 함께 먼저 서울로 올라왔다. 박 교장과 감전일은 김말순 할머니의 장례를 마저 치르기 위해 장포 마을에 남았다.

긴장이 풀려서 그런지 집에 돌아오자마자 아이들은 몸져누웠다. 누구는 온몸이 쑤시고, 누구는 감기 몸살에 걸리는 등, 정말 가지가지였다. 안 형사의 혹독한 훈련으로 체력 하나는 절대 빠지지 않는다고 자부해 왔는데, 체력과 노동 능력은 또 다른가 보다.

그렇게 푹 쉬고 나서 좀 살 만해졌나 싶었는데, 그것도 오래가지 못했다. 어 형사가 CSI 아이들에게 모이라고 연락을 한 것이다.

"경기도의 한 박물관에서 유물들이 도난당하는 사건이 발생했어. 감 탐정이랑 합동 수사 시작해."

아이들이 학교로 가 보니, 감전일은 벌써 와 있었다.

"언제 오셨어요?"

별이가 감전일의 기분을 살피며 물었다.

"어제. 아함, 졸려."

하품을 늘어지게 해 대는 감전일. 못 본 지 3일밖에 안 됐는데, 그사이 상당히 야윈 모습. 하지만 걱정과는 달리 다시 예전의 엉뚱하고 심드렁한 모습으로 돌아와 있었다.

아이들은 감전일과 함께 사건이 발생한 경기도의 백제박물관으로 갔다. 경기도에서 교육 목적으로 지은 작은 규모의 박물관으로, 백제 시대의 유물이 300점 이상 전시되어 있는 곳이었다.

박물관에 도착하자 박물관장 고지식과 직원들, 그리고 경비원들이 수심이 가득한 얼굴로 일행을 맞았다. 벌써 인근 경찰서에서 1차 수사를 마치고 돌아간 상태. 고 관장은 아직도 가슴이 벌렁벌렁한 듯 두 손을 모아 잡고 말했다.

"항상 경비에 만전을 기했는데, 어쩌다 이런 일이 벌어졌는지……. 도난당한 유물 좀 꼭 찾아주세요."

감전일이 물었다.

"그 시간에 경비를 서신 분이 누구죠?"

"저, 접니다."

경비원 지만수가 대답했다.

"어떻게 된 일인지 자세히 말씀해 주시죠."

"방학이라 하루 종일 관람객이 많다 보니까 제가 좀 피곤했었나 봐요. 12시 조금 넘어 깜박 잠이 들었는데, 일어나 보니까 경비실도 깜깜하고, CCTV 모니터도 다 꺼져 있는 거예요. 깜짝 놀라 손전등을 들고 제1 전시실부터 가 봤더니, 벌써 싹 쓸어 갔더라고요. 그래서 얼른 경찰에 신고했죠. 그때가 새벽 2시쯤이었어요."

"전기가 전부 나가 있었고, 경보장치도 안 울렸다는 말이죠?"

"네. 지하실에 내려가 보니, 전원 공급 장치의 전선을 죄다 잘라 놨더라고요. 그러니 경보장치도, CCTV도 전부 작동하지 않은 거죠."

"비상 전력 공급 장치가 있지 않나요?"

그러자 고지식 관장이 난처한 듯 대답했다.

"저, 그게…… 예산이 부족해서 아직 설치를 못 했어요. 올해 안에 꼭 설치하려고 했는데, 이런 일이 벌어진 거예요."

게다가 박물관 경비원은 모두 세 명뿐. 그나마도 6시 이후에는 단 한 명만 남는다고 하니, 정말 허술한 경비 체계였다. 하기야 소규모의 지방 박물관이라면 거의 다 안고 있는 문제라 할 수 있다. 그리고 범인은 그런 허점을 잘 알고 있는 사람이리라.

외부에서 억지로 문을 연 흔적은 없는 것으로 봐서 범인은 사전에 관람객으로 위장하여 박물관에 들어온 후 어딘가에 숨어 있었던 것은 아닐까? 저녁 6시에 박물관을 닫을 때도 입장한 사람들이 다 나갔는지 일일이 세어 보지 않는다니, 충분히 가능한 일이다.

"난 전원 공급 장치가 있는 지하실에 갈 테니까, 태양이랑 별이는 도난당한 유물 목록 확인하고, 수리랑 철민이는 범인 도주 경로 찾아 봐."

감전일은 아이들에게 지시를 내리고, 지만수에게 낮에 정문과 전시실 CCTV에 찍힌 데이터를 달라고 했다. 별이와 태양이는 곧바로 고 관장을 따라 관장실로 가서 도난당한 유물들의 목록과 사진을 받고, 자세한 설명을 들었다.

"금 귀걸이, 연꽃무늬 수막새, 금동 신발 등 제1 전시실에 전시되어 있던 우리 박물관 대표 유물 30점이 모두 없어졌어요. 그런데 가장 큰 문제는 바로 금동미륵보살반가 상이에요."

"금동미륵보살반가상요?"

별이가 다시 묻자 고 관장이 괴로운 표정으로 대답했다.

"백제 왕릉에서 발견된 것으로, 높이는 21.5센티미터이고, 우리 박물관에 딱 한 점 있는 국보거든요."

국보의 가치를 돈으로 환산할 수는 없지만 그래도 굳이 따지자면 20억 이상이라는 것이었다.

"돈이 문제가 아니라, 잘못하면 우리나라 국보가 해외로 밀반출되는 일이 발생할 수도 있어요. 범인 좀 빨리 잡아 주세요."

그렇게 되면 정말 큰일. 아이들은 범인을 잡아 유물을 꼭 되찾아야겠다고 생각했다.

그사이 수리와 철민이는 제1 전시실로 갔다. 보안 장치만 믿고 진열장에는 제대로 된 잠금 장치 하나 설치되어 있지 않아 손쉽게 유물들을 빼 간 것이었다. 그렇다면 범인은 유물을 손에 넣은 후 어떻게 도주했을까? 정문 현관 바로 옆에 경비실이 있으니, 그 앞으로 버젓이 나가지는 않았을 터. 1층 전시실 주변을 샅샅이 뒤진 결과, 화장실로 향하는 복도 끝에서 살짝 열린 창문을 발견했다. 수리가 말했다.

"이쪽으로 나간 것 같은데."

1층 창문이라 어른이 뛰어내릴 수 있을 만한 높이. 혼자라면 좀 힘들겠지만 공범이 있었다면 한 사람은 유물을 건네주고, 한 사람은 받을 수 있는 높이였다. 아이들은 창문에 남아 있는 지문을 채취하려 했지만 쓸 만한 지문을 얻지 못했다. 하기야 이 정도면 충분히 전문가의 소행이라 할 수 있는데, 지문을 남길 리가 없지 않겠는가. 반대로 전시실 진열장 유리에는 지문이 너무 많아 그중에서 범인의 지문을 가려내기는 힘들 것 같았다. 물론 범인이 맨손으로 유리를 만졌을 리도 만무하다.

아이들은 다시 박물관 로비에서 만났다. 지하실에 갔던 감전일도 올라왔다.

"전원 공급 장치의 전선을 모조리 잘랐어. 완전 전문가야. 일단 같은 수법을 썼던 전과자부터 찾아봐."

학교로 돌아온 아이들은 과거에 문화재를 훔친 전력이 있는 사람들을 찾았다. 그런데 그 가운데 눈에 띄는 사람이 하나 있었다. 바로 6년 전 지방의 한 박물관에 들었던 도둑인데, 그때도 경비가 허술한 틈을 타 전원 공급 장치의 전선을 잘라 낸 후 유물 20점을 훔쳐 갔다.

이름은 박물상. 현재 나이는 54세. 대학에서 사학을 전공하고 세 곳의 지방 박물관에서 문화재 큐레이터까지 한 사람이라는데, 유물을 훔쳐 해외로 밀반출하려다 걸려서 5년 형을 선고받고 수감됐다. 출소한 지는 1년도 채 안 되었다는 것. 감전일이 명령했다.

"CCTV 데이터 샅샅이 뒤져 봐."

박물관에 설치된 CCTV는 모두 10대. 오전 10시에 문을 열어 오후 6시에 문을 닫을 때까지 찍힌 모든 데이터를 뒤져야 한다. 아이들은 CCTV 데이터를 살펴보기 시작했다.

그렇게 한참이 지나 목이 뻐근하고 눈이 아파 올 무렵, 철민이가 소리쳤다.

"어, 저기 저 사람! 박물상 맞지?"

오후 5시 15분에 제1 전시실에 설치된 CCTV에 찍힌 모습인데, 머리 모양이 예전 사진과 달라지긴 했지만 박물상이 틀림없었다. 전시된 유물을 천천히 감상하는 모습이 영락없는 관람객. 하지만 박물상이 도난 사건이 발생한 그 박물관에 나타났다는 것만으로도 용의자로 지목되기에 충분했다. 감전일에게 곧바로 보고하자 감전일은 무심한 말투로 말했다.

"그럼 찾아."

그렇지. 찾아야지. 아이들은 일단 박물상의 주소지를 확보했다. 그렇다면 다음은 어떡하나? 박물상이 그날 백제박물관의 CCTV에 찍혔다는 것, 유물을 훔친 수법이 똑같다는 것 외에는 아직까지 확실한 증거가 없으니 말이다.

 ## 황당한 만남

아이들은 휴게실에 모여 어떻게 수사를 진행할지 의논하기 시작했다. 그런데 태양이가 의문을 제기했다.

"출소한 지 1년밖에 안 됐는데, 똑같은 수법으로 범행을 저질렀을까? 제일 먼저 용의선상에 오를 것이 분명한데."

맞는 말이다. 어떻게 수법도 바꾸지 않고, 똑같은 일을 저지를 수 있을까? 별이가 말했다.

"도굴꾼이나 문화재 도둑들 중에는 그런 사람들이 꽤 많대. 잡혀도 형량이 그렇게 무거운 편도 아니고, 운 좋게 한 건만 성공하면 돈방석에 올라앉을 수 있다고 생각하는 거지."

그러자 수리가 맞장구를 쳤다.

"맞아. 금동미륵보살반가상만 해도 20억 이상 된다는데, 그것만 팔아도 어디야."

"그래도 너무 위험한 짓 아닌가?"

철민이가 고개를 갸우뚱하며 말했다.

"그게 그렇게 궁금하면 직접 물어보면 되잖아."

감전일이었다. 언제 왔는지 아이들의 말을 듣고 있었던 것이다. 철민이가 의아한 표정으로 물었다.

"직접 물어보다니요? 누구한테요?"

그러자 감전일이 자동차 열쇠를 빙글빙글 돌리며 말했다.

"따라와."

아이들은 어리둥절한 표정으로 감전일을 따라나섰다. 학교에서 30분 정도 차를 타고 달리던 감전일은 한 단독주택 앞에 차를 세웠다.

"다 왔다. 내려."

"여기가 어딘데요?"

철민이가 묻자, 감전일은 당연하다는 듯 말했다.

"어디긴. 박물상 집이지."

"네?"

모두들 동시에 소리를 질렀다. 정말 박물상의 집에 왔단 말인가?

"그래. 훔쳤는지 안 훔쳤는지 직접 물어보자고. 출소한 지 1년도 안 돼서 왜 똑같은 수법으로 일을 저질렀는지. 궁금할 땐 물어보는 게 최고라니까."

헉! 이게 무슨 말인가. 아무리 궁금해도 그렇지, 그걸 물어본다고 범인이 '맞아요. 내가 훔쳤습니다.' 하겠는가? 아이들이 황당한 표정으로 서로의 얼굴을 쳐다보고 있는데, 감전일은 성큼성큼 대문 앞으로 가더니 아주 당당하게 초인종을 누르는 것이었다.

"박물상 씨 댁이죠? 경찰에서 나왔습니다."

아예 대놓고 경찰이라고 소개까지 한다. 정말 엉뚱하고 황당한 선배다. 문이 열리자 감전일은 안으로 들어가며 아이들을 돌아보았다.

"거기서 뭐 해? 안 들어갈 거야?"

"아, 네. 들어가요."

아이들은 얼른 감전일을 따라 들어갔다. 어떻게 되든 일단 부딪쳐 보는 수밖에. 안에서 한 남자가 현관문을 열고 나오며 물었다.

"무슨 일이시죠?"

아까 전과자 자료에서 본 사람, 박물상이다. 감전일이 대답했다.

"물어볼 게 있어서 왔습니다. 아유, 그런데 너무 덥네요. 시원한 물 한 잔 주실래요?"

능글능글하게 웃으며 말하는 감전일. 용의자 집에 와서 물까지 얻어 마시는 수사관이 감전일 말고 또 있을까. 박물상이 주저하며 대답했다.

"집이 좀 지저분해서."

"아유, 괜찮습니다."

그러더니 성큼성큼 안으로 들어가는 것이 아닌가. 완전 철면피다. 박물상은 내키지 않는 표정이었지만 어쩔 수 없이 감전일과 아이들을 집 안에 들여놓았다.

"여기 앉으세요."

박물상이 소파에 앉기를 권했다. 아이들은 이 어색한 상황에서 뭘 어떻게 해야 할지 몰라 안절부절못하다가 줄줄이 소파로 가서 앉았다. 박물상이 물을 가지러 부엌에 가자 감전일은 벌떡 일어나 거실 여기저기를 둘러보며 말했다.

"집이 아주 아담하니, 좋은데요. 가구며, 장식품이며, 취향이 상당히 고상하시네요."

용의자 집에 와서 취향 타령이라니, 무슨 의도로 그러는 건지 알 수가 없다. 박물상이 물을 가지고 오자 감전일이 소파에 앉으며 물었다.

"혼자 사시나 봐요?"

"네. 그런데 무슨 일로?"

태연한 표정의 박물상. 감전일은 대답 대신 얼음물을 벌컥벌컥 마시더니, 박물상을 빤히 보며 물었다.

"어젯밤 경기도에 있는 백제박물관에서 유물 도난 사건이 발생했어요. 그런데 도난 수법이 박물상 씨가 지난번에 썼던 수법이랑 똑같더란 말이죠. 그래서 혹시 박물상 씨가 범인이 아닌가 싶어서요. 혹시 어젯밤 백제박물관에서 유물 훔치지 않으셨어요?"

이런! 살다 살다 이렇게 황당한 질문은 처음 들어 본다. 용의자를 취조하는 것도 아니고, 이렇게 무작정 당신이 범인이냐고 물어보는 경우가 어디 있는가. 박물상도 황당했는지 갑자기 크게 웃으며 대답했다.

"제가 훔쳤냐고요? 하하하! 아닙니다. 저랑 똑같은 수법을 썼다니, 유감이네요. 그런데 전 완전히 손 뗐습니다. 5년이나 감옥에서 살았는데, 바보가 아닌 다음에야 그 짓을 또 하겠습니까?"

"그렇죠? 저도 그렇게 생각합니다만, 애들이 하도 궁금해 해서요. 들었지? 아니라고 하시잖아. 자, 그럼 궁금증도 풀렸으니 이제 그만 가

보겠습니다. 물 잘 마셨습니다."

그러더니 감전일은 벌떡 일어나 나가는 것이 아닌가. 아니, 정말 이걸 물어보러 용의자의 집에 왔단 말인가. 그리고 용의자가 범행을 부인하니, 궁금증이 풀렸다면서 금방 돌아가는 건 또 뭔가. 아이들은 창피한 생각까지 들었다. 그래도 명색이 최고의 탐정인데, 이렇게 황당한 수사를 해도 되는 건지. 아이들은 조르르 감전일을 따라 나왔다.

"그럼 수고하세요."

박물상이 대문까지 나와 인사를 했다. 이상한 경찰이 와서 엉뚱한 질문만 하고 가니 속으로 비웃는 것 같았다. 아이들은 하나같이 어이없고 찜찜한 표정이었다. 태양이가 철민이에게 속삭였다.

"박물상이 진짜 범인이라면, 경찰이 수사를 하고 있다는 걸 알았으니 도망가는 거 아냐?"

"그러게 말이야. 정말 감 선배 속은 알다가도 모르겠다니까."

철민이가 고개를 절레절레 흔들었다. 그런데 아이들이 차에 오르자 감전일은 조수석에 놓여 있는 까만 서류 가방을 열었다. 그런데 이것은 도청장치가 아닌가. 별이가 깜짝 놀라며 물었다.

"도청장치 설치하셨어요?"

"어."

아무렇지도 않게 대답하는 감전일. 그럼 그사이 감전일은 박물상의 집에 도청장치를 설치하고 나왔다는 말인가? 들어가서 몇 마디 하고 나온 잠깐의 시간이었는데, 언제 그런 일을 했는지.

"아까 집 구경하는 척했잖아. 그때 소파 뒤에 붙였지."

어쩐지! 너무 눈치 없이 군다고 생각했는데, 그게 아니었다. 게다가 학교에서 출발하기 전 긴급 감청 허락까지 받았다는 말. 아이들의 말을 듣고 무작정 벌인 일이라 생각했는데, 그게 아니었다. 철저하게 준비하고 계산한 작전이었다. 정말 놀라운 감전일이다.

그런데 바로 그때, 도청장치에서 박물상의 목소리가 들리기 시작했다.

"경찰이 눈치챈 것 같아. 빨리 연락해서 오늘 밤 1시에 만나자고 해."

박물상이 부하들에게 전화를 하는 것이 분명하다. 그렇다면 오늘 밤 1시에 누군가에게 유물을 넘기려고 하는 것이 아닐까? 감전일이 휴대전화 번호를 적어 주며 명령했다.

"박물상 번호야. 수신자가 누군지 알아보고 위치 추적해."

태양이가 곧바로 알아보니, 수신자는 이승철. 위치는 인천항 근처. 감전일이 도청장치를 수리에게 주며 말했다.

"수리랑 철민이는 여기서 잠복하면서 박물상 움직임 주시하고 나한테 계속 보고해."

"네!"

"태양이랑 별이는 따라와."

감전일은 태양이와 별이를 데리고 바로 뒤에 주차되어 있던 다른 차로 옮겨 탔다. 근처 경찰서에 요청하여 추적할 때 쓸 차도 미리 준비해 놓은 것이었다.

"이승철 신원 조회하고, 휴대전화 위치 계속 추적해."

도청장치의 원리

도청장치는 무선 마이크의 원리와 같아. 무선 마이크는 음성을 받은 마이크가 음성신호를 전파신호로 만들어 스피커에 보내 주면, 스피커가 이를 다시 음성신호로 바꾸어 확대해 주는 거지. 마찬가지로 도청장치도 대화가 이루어지는 공간에 설치된 도청기가 소리를 전파신호로 바꾸어 다른 곳에 떨어져 있는 재생기에 보내 주면, 재생기가 이를 다시 소리로 바꾸어 들려주는 거야.

"알겠습니다!"

차는 인천항을 향해 전속력으로 달리기 시작했다. 아이들은 이제야 감전일의 작전을 확실히 알아차릴 수 있었다. 감전일은 일부러 박물상에게 가서 경찰이 의심하고 있다는 것을 흘린 것이었다. 그러면 박물상이 다급해져서 유물을 빨리 처리하려 들 테니까, 도청장치를 이용해 그 정보를 빼낸 후 범인들을 현장에서 체포하려는 작전.

엉뚱하고 뭐든지 자기 맘대로 생각 없이 하는 것처럼 보이는 감전일. 그런데 알고 보면 정말 비상한 머리와 놀라운 판단력, 그리고 철저한 계획성을 가진 철두철미한 사람이다.

 현장 체포 작전

인천항으로 가는 사이, 별이가 이승철의 신분 조회 결과를 보고했다.
"나이는 27세. 고향은 서울. 전과나 별다른 특이한 점은 없는데요."
아마도 이번에 새로 끌어들인 부하인 듯. 감전일 일행은 20분쯤 달려서 휴대전화 신호가 잡힌 인천항 부근에 도착했다. 주위를 둘러보니, 의심이 가는 빈 창고가 있었다. 감전일은 그 근처에 조용히 차를 세웠다.
"냄새가 나는군."
겉으로 보기에는 사용하지 않는 창고 같은데, 안에서 불빛이 새어 나오고 있었다. 그렇다면 박물상은 유물을 훔쳐서 이 창고에 보관한 것일까? 인천항과 가까운 위치인 것으로 봐서, 훔친 유물을 해외로 빼돌리려고 하는 것이 분명하다. 감전일이 의자를 뒤로 젖히며 말했다.

"12시는 넘어야 움직일 거야. 그래도 혹시 모르니까 그때까지 잘 지키도록. 그리고 인천항에 들어와 있는 중국 배나 일본 배 있는지 확인해 봐. 난 잠깐 눈 좀 붙여야겠다. 아, 배고프면 빵 먹고."

그러면서 봉지에 든 빵과 음료수를 주었다. 정말 놀라운 준비성이다. 태양이와 별이는 다시 한번 놀라지 않을 수 없었다.

태양이는 인천항 사무실에 전화를 걸어 현재 인천항에 들어와 있는 중국 배나 일본 배가 있는지 물었다. 중국 배 두 척, 일본 배 한 척이 있다는 것. 그렇다면 그중 한 배를 이용해 유물을 해외로 밀반출하려는 계획일 것이다.

아직 8시밖에 안 됐으니, 밤 12시가 되려면 멀었다. 아이들은 혹시 창고에서 사람이 나오지 않을까 해서 눈이 빠져라 창고 문만 바라보고 있었다. 하지만 창고는 잠잠했다. 날이 어두워지면서 창고 안의 불빛이 더 환해지자 안에서 왔다 갔다 하는 그림자가 보였다. 보아하니, 두 명인 듯. 그렇다면 이승철 말고 한 명이 더 있다는 말이다.

감전일의 코 고는 소리가 점점 커졌다. 아주 깊이 잠든 모양이다. 이런 상황에서 어쩌면 저렇게 잘도 자는지. 아이들은 갑자기 박 교장의 모습이 떠올랐다. 어렸을 때부터 박 교장과 함께 보낸 시간이 많았기 때문인지, 둘은 닮은 구석이 참 많다.

철민이와 수리와는 한 시간에 한 번씩 통화를 했는데, 그쪽도 별다른 움직임을 보이지 않는다는 것. 그렇게 긴 시간이 흐르고 12시 반이 조금 넘은 시각, 드디어 창고 문이 열렸다. 그리고 두 남자가 각자 커다란 여행용 가방을 하나씩 끌고 나오며 주위를 둘러보는 것이었다. 별이가 얼른 감전일을 깨웠다.

　"선배님, 나왔어요."

　"하암~ 나왔어?"

　하품을 늘어지게 하면서 일어난 감전일. 남자들은 차 트렁크에 가방을 조심스레 싣더니, 어디론가 출발했다. 감전일도 조용히 추적을 시작했다.

　"배는 몇 대 들어와 있대?"

감전일의 물음에 별이가 대답했다.

"중국 배 두 척이랑 일본 배 한 척요."

"경찰서에 지원 요청해."

태양이가 인천항 경찰서에 지원을 요청했다. 남자들이 탄 차는 어느새 항구 끝으로 갔다. 거기는 바로 중국 배 한 척이 정박해 있는 곳.

"저 배군."

감전일이 말했다. 그리고 잠시 후 정확히 1시가 되자, 중국 배에서 불빛이 보이기 시작했다. 차 쪽으로 손전등 불빛을 세 번 깜박깜박하니까 차에서도 비상등을 켜서 화답하는 것이었다. 암호가 분명하다. 아니나 다를까, 잠시 후 배에서 중국인 선원 두 명이 내렸다.

"자, 이제 준비하시고……."

약간 들뜬 목소리. 마치 스포츠 게임이라도 보고 있는 것 같은 표정의 감전일. 아이들은 무척이나 긴장되는 순간인데, 감전일은 이 순간을 즐기기라도 하는 것일까?

차 문이 열리더니, 두 남자가 내렸다. 그리고 선원 두 명이 가까이 오자 트렁크 문을 열고 가방을 조심스레 꺼냈다. 그러자 선원들이 가방을 한 개씩 받아 들었다.

"출동!"

감전일이 명령을 내렸다. 별이와 태양이는 말이 떨어지기가 무섭게 차 문을 열고 뛰어나갔다.

어, 그런데 감전일은 차 안에 가만히 앉아 있는 것이 아닌가! 그러고는 태연히 별이와 태양이에게 얼른 가라고 손짓하는 것이었다. 아니, 그럼 둘만 가라는 말인가! 상대는 어른 네 명이나 되는데.

하지만 머뭇거릴 시간이 없었다. 두 남자와 중국인 선원 둘은 차에서 내리는 아이들을 보고 벌써 경계 태세에 들어갔다. 태양이는 천천히 다가가며 뭔가 물어보려는 행동을 취했다.

"저, 물어볼 게 있는데요."

하지만 남자들은 벌써 눈치를 채고 달려들었다. 한 명은 태양이에게, 또 한 명은 별이에게. 그동안 갈고닦은 실력을 발휘해 제압하려고 하는데, 상대도 만만치 않았다. 두 남자와 아이들 사이에 치열한 몸싸움이 시작되자, 중국인 선원들은 가방을 가지고 슬금슬금 배 쪽으로 도망을 치기 시작했다. 바로 그때였다. 퍽! 퍽!

"으아악!"

순식간에 선원 두 명이 나자빠지는 것이 아닌가! 감전일이었다. 언제 왔는지 멋진 앞차기로 두 명을 순식간에 제압해 버린 것이었다. 태양이와 별이도 기운을 내서 두 남자를 제압하고 손목에 수갑을 채웠다.

"꼼짝 말고 엎드려!"

곧이어 사이렌 소리가 요란하게 울리며 경찰차 네 대가 도착해 주변을 모두 포위해 버렸다. 두 남자와 중국인 선원들도 포기한 듯 반항하는 것을 멈추었다.

감전일은 유유히 걸어가 압수한 가방을 열었다. 겹겹이 싼 완충 포장지를 벗기고 나니, 제일 먼저 연꽃무늬 수막새가 나왔다. 다른 가방에서는 금동 신발과 각종 장신구들이 나왔다. 박물관에서 도난당한 바로 그 유물들이 맞다. 감전일이 단호한 목소리로 말했다.

"당신들을 문화재 절취 및 밀반출 혐의로 체포합니다."

결국 멋지게 범인들을 현장에서 체포하는 데 성공했다. 그래도 재빨리 움직인 덕에 유물이 해외로 밀반출되는 것을 막았으니, 얼마나 다행스런 일인가. 이제 박물상만 잡으면 사건 해결이다.

실패한 작전?

범인들을 경찰에 인계하고, 감전일이 차에 오르며 말했다.

"철민이한테 전화해. 박물상이 도망갈지도 모르니까 잘 지키고 있으라고. 우리도 곧 그리로 간다고."

"네!"

태양이로부터 밀반출 현장을 덮치는 데 성공했다는 소식을 듣고, 철민이와 수리는 감전일의 능력에 또다시 감탄했다. 이제 박물상만 잡으면 되니, 그가 도망가지 않도록 잘 감시하는 것이 중요한 임무. 그런데 잠시 후, 도청장치에 귀를 기울이던 수리는 이상한 생각이 들었다.

"좀 전부터 너무 조용해진 거 아냐?"

얼마 전까지만 해도 왔다 갔다 하는 소리가 들렸는데, 한 5분 전부터 너무 조용해진 느낌. 마루에 불이 환하게 켜져 있는 것으로 봐서 아직 자는 것 같지는 않은데 말이다. 하기야 그런 엄청난 일을 시켜 놓고, 맘 편하게 잘 사람이 어디 있겠는가. 철민이가 이마를 찌푸리며 말했다.

"혹시 도망간 거 아냐?"

수리도 걱정되는 듯 말했다.

"어떡하지? 감 선배가 도착하려면, 10분은 더 있어야 되는데. 경찰에 지원 요청할까?"

"시간이 없어. 우리가 먼저 들어가 보자."

수리와 철민이는 얼른 차에서 내렸다. 그리고 박물상의 집 초인종을 눌렀으나 아무런 대답이 없었다.

"넘자."

철민이가 말했다. 결국 아이들은 담을 넘어 들어갔다. 그런데 현관문 역시 잠겨 있었다.

"박물상 씨! 박물상 씨!"

철민이가 현관문을 두드리며 불렀지만 소용없었다. 그렇다면 박물상은 일이 틀어진 것을 눈치채고 벌써 도망간 것이 아닐까? 점점 불안한 느낌이 들었다. 감전일이 잘 지키고 있으라고 했는데, 코앞에서 박물상을 놓친 거라면 정말 면목이 없다. 철민이가 다급한 목소리로 전화를 하자, 감전일은 다 왔으니 잠깐 기다리라고 했다.

잠시 후, 감전일과 별이, 태양이가 도착했다. 수리는 얼른 대문을 열어 주었다. 감전일은 수첩에 끼워 놓은 작은 핀 하나를 꺼내 쭉 펴더니, 현관문 열쇠 구멍에 넣고 돌렸다. 금방 딸깍 하고 문이 열렸다. 정말 꼭 배우고 싶은 기술이다.

들어가 보니 집 안은 난장판이 되어 있었다. 급하게 짐을 싸서 도망간 흔적이 고스란히 남아 있었다. 그리고 탁자 위에는 감전일이 소파 뒤에 붙여 놓았던 도청장치가 놓여 있었다. 도청장치를 발견한 박물상이 자신의 계획이 전부 탄로 난 것을 알고 도망간 것이다. 도청장치에서 소리가 끊긴 시간을 생각하면 박물상이 도주한 지 최소 15분 이상 됐다는 말.

수리와 철민이는 할 말이 없었다. 잘 지킨다고 계속 대문만 쳐다보고 있었지, 도청장치를 발견하고 다른 곳으로 도망갈 거라고는 미처 생각하지 못했던 것이다.

"죄송해요."

수리가 고개를 푹 숙이며 말했다.

"좀 더 주의를 기울였어야 했는데……."

철민이도 머리를 긁적였다. 감전일은 별일 아니라는 듯 말했다.

"괜찮아. 다시 잡으면 되지 뭐. 박물상 소유 차량 파악해서 수배하고, 공항이랑 항구에 수배령 내려."

아이들이 전화를 하는 동안, 감전일은 집 안을 휘 돌아보더니 밖으로 나갔다. 아마 도주 경로를 살펴보려는 것이리라. 그리고 잠시 후 돌아오더니 말했다.

"가자."

결국 다 잡은 고기를 놓치고 말았다. 게다가 피라미만 잡고 큰 고기는 놓친 꼴. 그래도 유물의 밀반출은 막았으니 그나마 위로가 되었다.

그런데 학교로 돌아가는 길, 잡은 범인들과 유물을 인계 받기 위해 인천항 경찰서에 도착한 어 형사가 다급하게 전화를 걸어 왔다.

"다른 건 다 있는데 금동미륵보살반가상만 없어!"

헉! 이건 또 무슨 소리! 도난당한 유물 중에서 가장 값진 거라는 금동미륵보살반가상. 그것만 없다니, 도대체 무슨 말인가.

"부하들은 박물상이 준 가방에 다 들어 있는 줄 알았다는 거야. 오히려 박물상이 자신들도 모르게 빼돌렸다고 열을 내던데?"

그렇다면 일이 실패할 경우를 대비해 박물상이 가장 값나가는 유물은 따로 빼놓았다는 뜻. 태양이가 당황한 표정으로 말했다.

"범인들 가방에서 금동미륵보살반가상부터 확인했어야 했는데……."

순간, 감전일의 얼굴이 일그러졌다. 거의 성공한 작전이라고 생각했는데, 박물상이 금동미륵보살반가상을 빼돌렸을 줄은 감전일도 미처 생각지 못했던 것. 박물상도 놓쳐 버리고, 가장 값진 국보까지 사라졌으니, 화가 날 만하다.

철민이와 수리는 자신들의 실수 탓이란 생각에 더더욱 고개를 들 수가 없었다. 그런데 감전일이 갑자기 차를 돌리며 중얼거렸다.

"속았어."

박물상이 금동미륵보살반가상을 빼돌렸을 거라고 예측하지 못한 것이 아쉬운 모양이다. 그런데 감전일은 박물상 집 앞에 다시 차를 세우더니, 집 안으로 쏜살같이 뛰어 들어가는 것이 아닌가.

"왜 다시 온 거지?"

철민이가 의아한 표정으로 묻자 별이가 대답했다.

"여기에 금동미륵보살반가상이 있다고 생각하시나 봐. 우리도 빨리 들어가 보자."

아이들은 집 안으로 따라 들어갔다. 태양이가 감전일에게 물었다.

"찾을까요?"

"어."

감전일은 한마디 하더니 여유만만한 표정으로 소파 한가운데 털썩 앉는 것이었다. 아까는 그렇게 급하게 돌아오더니 왜 갑자기 여유를 부리는지, 정말 알 수가 없다.

 뛰는 범인 위에 나는 감전일

그런데 순간, 철민이는 코를 자극하는 담배 냄새를 맡고 이상한 생각이 들었다.

'아무도 없는 집에서 왜 담배 냄새가 나는 거지?'

게다가 감전일은 빙그레 웃고 있는 것이었다. 철민이는 문득 알아차렸다. 그 웃음의 의미가 뭔지. 철민이는 감전일에게 다가가 물었다.

"선배님, 혹시 이상한 냄새 안 나세요?"

그러자 아무 대답 없이 철민이를 뚫어지게 쳐다보는 감전일. 그러더니 이 방 저 방에서 유물을 찾고 있던 아이들을 부르는 것이었다.

"물질을 이루는 분자들이 기체나 액체, 고체 속으로 퍼져 나가는 현상을 뭐라고 부르는지 알지?"

이 상황에서 뜬금없이 웬 과학 공부? 아이들은 어리둥절한 표정. 그러나 철민이는 눈치챘다. 감전일도 담배 냄새를 맡았다는 것을. 철민이가 얼른 대답했다.

"확산이라고 하죠."

"딩동댕! 농도가 높은 쪽에서 낮은 쪽으로, 또는 밀도가 높은 쪽에서 낮은 쪽으로 분자가 스스로 이동하는 것을 확산이라고 하지. 향수를 쏟으면 그 주위에는 향수의 농도가 높지만 멀리 갈수록 농도가 낮으니까, 농도가 높은 쪽에서 낮은 쪽으로 냄새 분자가 퍼지면서 향수 냄새가 쫙 퍼지게 되는 거지."

그런데 그게 지금 상황과 도대체 무슨 상관이 있단 말인가. 아이들이 얼떨떨한 표정으로 감전일을 바라보자 철민이가 설명을 이었다.

"방귀 냄새가 퍼져 나가거나 물에 떨어뜨린 잉크가 퍼져 나가는 것도 다 확산 현상이에요. 온도가 높을수록 분자운동이 활발하기 때문에 확산이 더 잘 일어나죠. 또 분자의 크기가 작을수록, 공기 중이라면 바람이 잘 불수록 확산이 활발히 일어나요."

참다못한 별이가 물었다.

"그런데 갑자기 확산은 왜?"

철민이가 웃으며 코를 톡톡 쳤다.

"무슨 냄새 안 나?"

"냄새? 킁킁."

아이들은 저마다 코를 킁킁거리며 냄새를 맡았다. 그러고 보니 담배 냄새가 나는 것 같았다. 수리가 물었다.

"담배 냄새 말이야?"

그러자 감전일이 대답했다.

"맞아. 냄새 분자는 아주 작아서 미세한 틈으로도 금방 퍼져 나오지."

장미향과 방귀 냄새의 성분은 똑같다?

향긋한 장미향과 지독한 방귀 냄새는 똑같은 성분으로 되어 있어. 두 냄새에는 인돌이라는 화학 성분이 들어 있는데, 인돌은 불쾌한 냄새가 나고 스카톨과 함께 대변 냄새의 원인이 되지. 하지만 인돌이 순수한 상태이거나 아주 적은 양인 경우에는 꽃 냄새와 같은 좋은 향기가 난다고 해. 한 가지 냄새라도 농도에 따라 느낌이 달라지는 거지.

그러더니 감전일은 벽에 걸려 있는 커다란 그림의 액자 테두리를 획 잡아당기는 것이었다. 그런데 이게 뭔가! 문이다! 감전일이 다시 문을 열자, 그 안에 사람이 웅크리고 있었다. 바로 박물상이었다.

그림 뒤에 비밀 벽장이 있었고, 박물상이 그 안에 숨어 있었던 것이다. 그리고 그의 발 앞에 담배꽁초가 담긴 재떨이가 있었다. 박물상은 감전일을 밀치고 튀어나와 도망을 치려 했다.

"어딜 도망가!"

철민이가 재빨리 발을 걸어 넘어뜨리고, 태양이가 팔을 뒤로 꺾어 제압, 순식간에 박물상을 잡았다. 그때 별이가 놀란 목소리로 소리쳤다.

"이거 금동미륵보살반가상 아니에요?"

맞다. 국보 금동미륵보살반가상이었다.

박물상은 마루에 비밀 벽장을 하나 만들어 놓고, 그 안에 금동미륵보살반가상을 숨겨 놓았다. 부하들도 모르게. 그런데 감전일이 왔다 간 후 마음이 급해져서 원래 내일 만나기로 했던 중국인 선원들과의 약속을 앞당기고, 일이 잘 성사되기를 기다리고 있었다.

그러다 우연히 소파 뒤에 붙어 있는 도청장치를 발견하고 일이 틀어졌음을 직감했다. 그래서 미리 빼돌려 둔 금동미륵보살반가상만 가지고 도망을 가려고 했는데, 수리와 철민이가 담을 넘어 들어오는 바람에 나갈 수가 없었다. 그래서 할 수 없이 도망간 것처럼 꾸미고 비밀 벽장 안에 숨어 있었던 것이다.

그리고 박물상을 놓쳤다고 생각한 감전일과 아이들이 집을 나가자, 그날 밤에는 다시 안 올 거라 생각하고 천천히 짐을 싸다가 막 담배를 한 대 피워 물었는데, 예상치 못하게 감전일이 다시 들이닥친 것. 깜짝 놀란 박물상은 얼른 담배를 끄고, 재떨이까지 가지고 벽장 안에 숨었다. 하지만 냄새까지 벽장 안으로 가지고 들어가지는 못했던 것.

"선배님은 박물상이 아직 집에 있다는 걸 어떻게 아셨어요?"

별이가 묻자 감전일이 싱긋 웃으며 대답했다.

"뒤쪽 담이 상당히 높더라고. 사다리가 없으면 오르기 힘든 높이였지. 그래서 혹시나 아직 집에 있는 게 아닌가 싶었는데, 찾을 수가 없었어. 그런데 금동미륵보살반가상만 없다는 얘기를 들으니, 부하들도 모르게 따로 감춰 뒀다면 분명히 집 안 어딘가에 뒀을 거라 생각했지. 하지만 아까 둘러봤을 때는 집 안에 감출 만한 곳이 없었거든. 그렇다면 어딘가에 비밀 장소가 있겠다 싶었지."

그런데 집 안에 들어오자 담배 냄새가 났고, 박물상이 아직 집 안에 있음을 확신. 감전일은 마루 어딘가에 비밀 장소가 있을 것이라 생각하고 소파에 앉아 그걸 찾고 있었던 것이었다. 그리고 마침내 담배 냄새가 그림 뒤쪽에서 퍼져 나오는 것을 포착, 그림 뒤에 벽장이 있고, 거기에 박물상이 숨어 있음을 알아낸 것이었다.

명탐정 감전일. 다른 아이들도 그렇지만 철민이는 완전히 반해 버렸다. 어쩌면 그렇게 날카로운 감각과 추리력을 가졌는지 놀라울 뿐이다.

"전 이제 선배님을 제 인생의 멘토로 정했어요."

철민이가 애교를 부리자 감전일은 철민이를 밀어내며 말했다.

"징그럽다. 붙지 마라."

그래도 아주 싫지는 않은 표정. 그러고 보니 감전일과 양철민, 은근히 잘 어울린다.

그런데 다음 날, 감전일은 야속하게도 곧바로 일본으로 돌아갔다. 해결해야 할 일이 산더미라고 투덜대면서. 철민이는 무척이나 아쉬워했다. 하지만 명탐정 감전일을 필요로 하는 사건이 너무도 많다는데 어쩌랴. 보내 주는 수밖에.

바람처럼 나타났다 바람처럼 사라진 감전일. 아이들 모두 그와 함께한 시간을 영원히 잊지 못할 것이다.

철민이가 들려주는 사건 해결의 열쇠

다 잡은 범인을 놓친 줄 알고 안타까워할 때, 범인이 비밀 벽장 안에 숨어 있음을 알 수 있었던 것은 확산에 대해 잘 알았기 때문이지.

💡 확산이란?

향수를 뿌리면 주위에 있는 사람까지 그 향기를 맡을 수 있고, 식당에서 누가 담배를 피우면 멀리 떨어진 자리에까지 담배 냄새가 코를 찌르지. 이렇게 거리가 떨어져 있는데도 냄새를 맡을 수 있는 이유는 뭘까? 그건 바로 확산 때문이야.

확산이란 물질을 이루는 분자들이 기체나 액체, 고체 속으로 퍼져 나가는 현상을 말해. 물질을 이루고 있는 분자들은 정지해 있지 않고 끊임없이 여러 방향으로 움직이고 있어. 이를 분자운동이라고 하는데, 그 증거가 되는 현상 중 하나가 바로 확산이야.

〈냄새 분자의 확산〉

확산은 밀도 차이나 농도 차이에 의해 물질을 이루고 있는 분자들이 스스로 운동하여 농도(또는 밀도)가 높은 쪽에서 농도(또는 밀도)가 낮은 쪽으로 퍼져 나가는 현상이지. 향수를 뿌린 사람 주변은 냄새 분자의 농도가 높고, 떨어져 있는 곳에서는 냄새 분자의 농도가 낮아. 냄새 분자는 농도가 높은 쪽에서 낮은 쪽으로 퍼져 나가기 때문에, 거리가 떨어져 있어도 향수 냄새를 맡을 수 있는 거야.

설탕을 물에 넣으면 얼마 후에 물 전체에서 단맛이 나는 것, 모기향을 피우면 연기가 멀리까지 퍼져 나가는 것, 생선을 구우면 집 안팎으로 냄새가 퍼지는 것 등도 모두 확산 때문이지.

〈설탕 분자의 확산〉

💡 확산과 매질

확산은 기체에서만 일어나는 것은 아니야. 매질이 액체일 때나 고체일 때도 일어나지. 매질이란 어떤 물리적 작용을 한 곳에서 다른 곳으로 전해 주는 매개물을 말해.

물속에 잉크를 한 방울 똑 떨어뜨리는 경우, 물이 바로 매질이지. 이때 잉크 분자는 떨어지자마자 물속으로 쫙 퍼져 나가는 것을 볼 수 있어. 잉크 분자가 농도가 높은 곳에서 낮은 곳으로 이동하기 때문이야. 숟가락으로 휘젓지 않고 그대로 놔뒀다가 보면 어느새 잉크가 물 전체에 퍼져 파란 잉크물이 되어 있는 것을 볼 수 있어. 전체의 농도가 같아진 상태지.

확산은 이렇게 전체의 농도가 같아질 때까지 진행돼. 물론 이후에도 분자들의 이동은 계속되지만 모든 방향으로 같은 속도로 움직이기 때문에 겉으로는 변화가 없는 것처럼 보이지.

확산이 빨리 일어나는 조건

그렇다면 확산이 빨리 일어나는 조건은 무엇일까? 그건 분자의 운동이 활발하게 일어나는 조건과 같아.

첫째, 농도 차야. 농도의 차이가 클수록 확산은 빠르게 일어나지.

둘째, 크기야. 입자나 분자, 이온의 크기가 작을수록 확산은 빨리 일어나.

셋째, 용매의 점성이야. 점성이란 끈끈한 정도를 말해. 그러니까 점성이 작다는 건 덜 끈끈하다는 뜻. 분자가 이동하는 데 방해를 덜 받게 되지. 그래서 용매의 점성이 낮을수록 확산은 빨리 일어나.

넷째, 기체, 액체, 고체 순으로 확산이 빨리 일어나. 매질의 결합이 느슨할수록 충돌로 인한 방해를 적게 받기 때문이야. 결합이 가장 느슨한 매질은 바로 기체이므로, 매질이 기체일 때 확산이 가장 빨리 일어나.

다섯째, 매질의 온도야. 공기가 따뜻할수록, 액체의 온도가 높을수록 확산은 빨리 일어나. 온도가 높을수록 분자운동이 활발하기 때문이지. 그래서 찬물에서보다 따뜻한 물에서 설탕이 더 빨리 퍼져 나가고, 식은 찌개보다

끓는 찌개에서 냄새가 더 많이 나는 거야.

여섯째, 바람이 잘 불면 확산이 활발히 일어나. 바람은 공기의 이동인데, 공기가 이동하면서 분자의 이동을 도와주기 때문이지.

〈매질의 온도가 높을수록 활발한 확산 현상〉

그러니까 생각해 봐. 범인은 담배를 피우다 급한 나머지 재떨이를 가지고 비밀 벽장에 숨었지. 하지만 담배 냄새가 벽장 틈으로 확산되는 것은 막지 못했어. 결국 그것으로 범인이 벽장 안에 숨어 있는 것을 눈치채고 잡을 수 있었지.

핵심 과학 원리 | 치아 구조와 치흔

사건 3

놀이공원 유괴 사건

"우리 솔이를 데리고 있다고요? 거기 어디예요?"
잠시 상대방의 이야기를 듣더니, 한 검사는 다시 물었다.
"집에 가 있으라고요? 여보세요! 여보세요!"

 놀이공원에서 생긴 일

"노라바 놀이공원 갈래? 반값 할인 쿠폰 있는데."

일요일 아침, 태양이가 철민이에게 전화를 걸었다.

"우와, 반값! 그럼 당연히 가 줘야지. 헤헤헤."

좋아라 하는 철민이. 네 명까지 할인을 받을 수 있어서 별이와 수리도 함께 가기로 했다.

일찍 나섰는데도, 놀이공원은 이미 초만원이었다. 방학인 데다 일요일이니 당연한 일. 놀이시설 하나 타는 데 한 시간 이상 기다리는 건 보통이었다. 그래도 아이들은 신 났다. 특히 수리는 서울 와서 처음 와 보는 놀이공원. 그것도 태양이와 함께 왔는데 어찌 즐겁지 않겠는가.

그렇게 신 나게 놀다 보니, 어느새 저녁 6시 반. 마지막으로 롤러코스터 하나만 더 타고 가기로 하고 줄을 서서 기다리고 있는데, 미아를 찾는 방송이 흘러나왔다.

"잃어버린 어린이를 찾습니다. 이름은 한솔. 네 살 남자아이입니다. 하늘색 반바지에 파란색과 흰색 줄무늬 티셔츠를 입고 있습니다. 이 어린이를 보신 분이나 데리고 계신 분은 미아보호소로 연락 주시기 바랍니다. 전화번호는……."

그런데 30분쯤 후, 아이들이 롤러코스터를 타고 나서 정문 쪽으로 나오는데 또다시 같은 방송이 나왔다. 수리가 걱정되는 표정으로 말했다.

"아직 못 찾았나 봐. 조금 있으면 해가 질 텐데 큰일이다."

어린아이가 혼자 울며 헤매고 있을 걸 생각하니, 또 애타게 찾고 있을 부모를 생각하니 마음이 안 좋았다. 그런데 바로 그때였다.

"솔이야, 솔이야. 흑흑흑."

소리 나는 쪽을 보니, 바로 미아보호소 앞이었다. 그 앞에서 아기를 안고 안절부절못하며 울고 있는 아주머니. 곧이어 온몸이 땀으로 흠뻑 젖은 한 남자가 뛰어왔다. 아주머니가 다급하게 물었다.

"우리 솔이는요?"

아이의 아빠인가 보다.

"못 찾았어. 헉헉."

아빠는 거친 숨을 몰아쉬며 대답했다. 그러자 아이의 엄마는 또다시 울음을 터뜨렸다.

"어떡해, 우리 솔이! 흑흑흑."

아이들은 마음이 아파 그냥 지나칠 수가 없었다. 그동안 유괴 사건을 여러 건 해결한 아이들. 아이 잃은 부모를 가까이서 보며 그 심정이 어떤지 누구보다 잘 알고 있기 때문이다.

"가 보자."

철민이가 먼저 성큼성큼 다가갔다. 이럴 때 보면 참 멋진 철민이다. 결단력과 행동력 하나는 알아줘야 한다. 아이들도 얼른 철민이를 따라갔다. 철민이가 아이의 엄마, 아빠에게 다가가 말했다.

"저…… 저희는 어린이 과학……."

그런데 말을 마치기도 전에 아이의 아빠가 깜짝 놀라며 물었다.

"어, CSI! 맞지? 난 서울지검 한강수 검사야."

"아, 안녕하세요?"

검사라면 당연히 어린이 과학 형사대 CSI를 모를 리가 없다. 그렇게 해서 아이들은 솔이 찾는 일을 도와주기로 했다.

아이를 잃어버린 시간은 6시 10분경. 놀이공원을 도는 퍼레이드가 펼쳐지고 있었다. 그때 한강수 검사는 잠시 화장실에 갔고, 솔이 엄마가 혼자 두 아이를 데리고 퍼레이드 구경을 하고 있었다. 그런데 아기가 울어서 우유를 꺼내 먹이는 잠깐 사이에 솔이가 사라져 버렸다는 것. 솔이 엄마가 울먹이며 말했다.

"바로 내 옆에서 구경하고 있었거든. 그런데 정말 눈 깜짝할 사이에 없어진 거야."

퍼레이드를 구경하던 사람들이 워낙 많았고, 일부는 퍼레이드가 가는 방향으로 움직이고 있었다는 것. 그렇다면 솔이가 사람들에게 휩쓸려 간 것은 아닐까?

아이가 없어진 것을 알았을 때 바로 한 검사가 돌아와 함께 주변을 찾아다녔다고 한다. 그러다가 찾지 못하고 미아보호소에 신고한 때는, 아이를 잃어버리고 20분 정도가 지난 6시 30분경.

"엄마를 잃어버렸으면 아이가 울고 있을 테고, 그럼 누군가 데려다 줬을 텐데 이상하네요."

수리가 말했다. 그렇다. 미아를 찾는 방송이 계속 나갔고, 사람들이 우는 아이를 모른 척 그냥 지나치지는 않았을 텐데 말이다. 또 미아가 발생하면 놀이공원 내 각종 시설에 있는 직원들과 청소 담당 직원들도 주변을 유심히 살핀다는데, 아직까지 연락이 없는 건 좀 이상하다. 게다가 아이를 목격한 사람조차 없다. 정말 귀신이 곡할 노릇.

아이들은 뿔뿔이 흩어져서 놀이시설뿐 아니라 음식점, 건물 사이 빈 공간, 열 군데도 넘는 화장실을 돌며 솔이를 찾았다. 하지만 솔이는 어디에도 없었다. 시간이 갈수록 누가 데려간 건 아닌지, 불안한 마음이 커지기 시작했다. 그런데 바로 그때, 한 검사의 휴대전화가 울렸다.

"모르는 번호인데!"

뭔가 짚이는 표정. 아이들도 긴장한 표정으로 한 검사를 쳐다보았다. 전화를 받은 한 검사가 이내 떨리는 목소리로 소리쳤다.

"우리 솔이를 데리고 있다고요? 거기 어디예요?"

잠시 상대방의 이야기를 듣더니, 한 검사는 다시 물었다.

"집에 가 있으라고요? 여보세요! 여보세요!"

벌써 전화를 끊은 모양. 듣고 있던 솔이 엄마가 애가 타서 물었다.

"솔이 데리고 있대요? 어디래요?"

"몰라. 다시 연락한다고 집에 가 있으래."

한 검사가 망연자실한 표정으로 대답했다.

솔이는 단순히 길을 잃은 것이 아니었다. 유괴였다. 놀이공원 유괴 사건. 지금까지 내내 마음속에 맴돌던 불길한 예감이 사실로 드러나자, 아이들은 아무 말도 할 수가 없었다. 그저 아이의 안전을 걱정하는 엄마의 슬픈 울음소리만 울려 퍼졌다.

숨 막히는 기다림

잠시 후 정적을 깨고 태양이가 물었다.

"범인이 검사님 휴대전화 번호를 어떻게 알았을까요? 혹시 솔이가 알고 있나요?"

"미아 방지 팔찌를 해 줬는데, 거기에 집 전화번호랑 솔이 엄마랑 내 휴대전화 번호가 새겨져 있어."

그렇다면 그걸 보고 전화한 것. 그런데 왜 하필 그 많고 많은 아이들 중에 솔이를 유괴한 것일까? 한 검사가 휴대전화에 찍힌 발신자 번호를 보이며 말했다.

"난 먼저 집에 가 있을 테니까, 이 번호 어딘지 알아봐 줘."

"네, 알겠습니다."

한 검사와 솔이 엄마가 집으로 출발하고, 아이들은 어 형사에게 전화해 상황을 얘기하고 전화번호 위치 추적을 부탁했다. 잠시 후, 어 형사가 결과를 알려 주었다.

"서울 하수동의 공중전화야. 곧바로 경찰 출동시켰는데 수상한 사람은 발견하지 못했어."

그사이 범인은 아이를 데리고 하수동까지 간 것이었다. 놀이공원에서 하수동까지는 1시간 거리. 아이를 유괴한 후 곧바로 놀이공원을 빠져나갔을 텐데, 그것도 모르고 이제껏 놀이공원만 뒤지고 다녔던 것.

어 형사도 한 검사의 집으로 와 전화기에 위치 추적 장치부터 설치했다. 밤 9시가 넘은 시간. 모두들 초조하게 전화벨이 울리기를 기다렸다. 사람들이 붐비는 틈을 타 아이를 유괴하고 아이 아빠에게 전화를 걸었다는 건 돈을 노리고 한 짓이 분명하다. 그러니 다시 전화가 올 것이다. 그러나 어떻게 된 일인지 밤새 기다려도 전화는 오지 않았다.

다음 날 아침에도 마찬가지였다. 기다리는 1분 1초가 솔이 엄마, 아빠에게는 지옥 같은 시간. 아이들은 더 이상 기다리기만 할 수 없었다. 그래서 일단 CCTV 데이터라도 확인해 보기 위해 다시 놀이공원으로 향했다. 아이들은 놀이공원에 설치되어 있는 30개도 넘는 CCTV의 데이터를 뒤지기 시작했다. 혹시 솔이를 데리고 가는 모습이 찍혔거나,

혼자서 놀이공원을 배회하는 수상한 사람이 찍히지 않았을까? 하지만 샅샅이 뒤져 봐도, 6시 이후 솔이의 모습은 어디에도 없었다.

"이 많은 CCTV를 모두 피해서 아이를 데리고 갔다면 범인은 공원 내부에 대해 잘 아는 사람 같아."

철민이의 말에 태양이도 동의했다.

"아무래도 그런 것 같아. 그런데 모르는 사람이 데려가는데 아이는 왜 울거나 반항하지 않았을까?"

그렇다. 아이를 억지로 데려가려 했다면 아이는 분명히 울음을 터뜨렸을 것이다. 그런데 순순히 따라갔다는 건 아이가 잘 아는 사람이거나 아이가 정신을 팔릴 만한 뭔가가 있었다는 뜻. 게다가 범인은 순식간에, 수많은 사람들이 보는 앞에서 당당하게 아이를 데려갔다.

"아이가 좋아하는 걸로 꼬였겠지."

철민이의 대답에 수리는 자신의 의견을 말했다.

"내 생각엔 범인이 한 검사님과 원한관계에 있는 사람인 것 같아. 직업이 검사니까 처리한 사건과 관련된 사람 중에 원한을 살 만한 사람이 있을 수도 있잖아."

그러자 철민이가 반대 의견을 냈다.

"글쎄, 정말 그럴까? 놀이공원은 사람이 많은 곳이잖아. 물론 혼란스러운 틈을 이용할 수는 있지만 그만큼 눈에 띄기도 쉽지. 하필 놀이공원에서 그런 무모한 짓을 했을까?"

"결국 CCTV에도 안 찍히고, 또 목격자도 없었잖아. 그만큼 미리 철저하게 준비했겠지."

수리의 말에 태양이가 고개를 갸우뚱하며 말했다.

"한 검사님 가족이 놀이공원에 오는 날을 미리 알았다고 해도 하루 종일 졸졸 쫓아다녔으면 한 검사님이 눈치채지 않았을까? 내 생각에는 오히려 놀이공원에 대해 잘 알고 있는 사람이 우발적으로 저지른 범행이라는 게 더 말이 되는 것 같은데."

아이들 사이에도 의견이 분분했다. 범인은 왜 솔이를 데리고 갔을까? 그리고 집에 가서 전화를 기다리라고 하더니 왜 지금까지 아무 연락이 없는 것일까? 혹시 그 사이 아이에게 나쁜 일이 일어난 건 아닐까?

한 검사 집에서 전화를 기다리고 있던 어 형사도 그런 생각을 하고 있었다. 그래서 한 검사에게 슬쩍 물었다.

"혹시 검사님께 원한을 가질 만한 사람 없습니까?"

한 검사는 잠시 생각하더니 씁쓸한 표정으로 대답했다.

"검사라는 직업이 그렇죠, 뭐. 나야 법대로 공정하게 한다고 해도 억울하다고 생각하는 사람이 있을 수 있겠죠. 하지만 지금 당장 생각나는 사람은 없어요."

사실 형사들도 마찬가지다. 사회 정의를 위해 온갖 위험을 감수하고 일하지만 오히려 누군가에게는 적이 되는 경우도 있다.

놀이공원에 갔던 아이들이 아무런 단서 없이 돌아오고, 하루 종일 기다려도 전화가 없자, 불안감이 더 커졌다. 솔이 엄마는 거의 실신하기 직전.

그런데 밤 10시가 다 되었을 때였다. 정적을 깨고 전화벨이 울렸다. 모두의 시선이 동시에 전화기에 집중됐고, 안방에 누워 있던 솔이 엄마도 벌떡 일어나 뛰어나왔다. 곧바로 위치 추적 장치가 작동되고, 한 검사가 전화를 받았다.

"여보세요?"

"아이 데리고 있는 사람입니다."

목소리가 녹음되고, 한 검사가 물었다.

"전화 많이 기다렸어요. 우리 솔이는 무사한가요?"

"네, 무사합니다."

"원하는 게 뭐죠? 돈은 달라는 대로 다 줄게요. 우리 솔이만 무사히 돌려보내 주세요."

그런데 그때였다. 범인이 갑자기 버럭 화를 내는 것이었다.

"돈이요? 돈이 아주 많은가 보죠? 잘됐네요. 그럼 많이 주세요. 한 10억쯤 주실래요?"

"뭐요? 아니, 이 사람이!"

흥분한 한 검사가 소리를 지르자 전화가 딸깍 끊어졌다. 어 형사가 수리에게 물었다.

"위치 추적 됐어?"

"네. 오지동 공중전화예요."

"경찰 출동시켜."

태양이가 오지동 경찰서에 출동 요청을 했다. 솔이 엄마가 한 검사에게 울며 말했다.

"당신은 왜 화를 내요? 그러다 우리 솔이한테 해코지라도 하면 어떡하라고……. 흐흐흑."

한 검사도 많이 당황한 표정. 그때 별이가 의문을 제기했다.

"좀 이상하지 않아요? 돈을 달라는 대로 다 주겠다는데 왜 갑자기 화를 냈을까요?"

수리가 말했다.

"그럼 돈이 목적이 아니란 말인데……."

철민이도 이상하다는 표정으로 말했다.

"그럼 뭐가 목적인데?"

아이들은 저도 모르게 한 검사를 쳐다보았다. 한 검사의 표정이 더욱 더 어두워졌다. 정말 한 검사에게 앙심을 품은 누군가가 아이를 유괴한 것은 아닐까?

잠시 후, 오지동 공중전화로 출동한 경찰에게서 수상한 사람을 찾지 못했다는 연락이 왔다. 근처 CCTV의 데이터도 확인했지만 공중전화 부스와는 좀 떨어진 곳에 설치되어 있어서 수상한 사람을 찾기는 힘들다는 것. 그리고 그날 밤, 범인은 다시 전화를 걸어 오지 않았다.

 # 아이를 찾다

그런데 다음 날 아침, 놀라운 일이 벌어졌다. 새벽녘에 학교로 돌아와 있었는데, 아침 7시를 조금 넘긴 시간, 한 검사가 어 형사에게 다급하게 전화를 걸어 왔다.

"범인이 아이를 데려가래요! 오지동에 있는 태양여관 208호실에 가면 아이가 있을 거래요."

"오지동이라면 어제 전화한 곳이잖아요!"

"맞아요. 저도 지금 거기로 가고 있거든요. 그쪽으로 좀 와 주세요."

어 형사와 아이들은 곧바로 오지동으로 출동했다.

범인의 말이 과연 사실일까? 그런데 왜 갑자기 아이를 데려가라고 하는 것일까? 지금까지 아무런 요구 조건도 없었는데. 정말 이상한 일이다.

범인이 말한 태양여관은 오지동 뒷골목에 위치한 허름한 여관이었다. 그런데 208호실에 올라가 보니, 정말 아이가 혼자 자고 있는 것이었다.

"솔이야!"

한 검사가 자고 있는 아이를 덥석 안자, 아이가 잠에서 깨어 울음을 터뜨렸다.

"아빠! 으앙~"

"됐다. 이제 됐어. 우리 솔이, 무사하니까 됐어. 흑흑흑."

한 검사도 안도감에 그동안 애써 참고 있던 눈물을 흘렸다. 아이들도, 어 형사도 눈시울이 붉어졌다. 특히 이제 곧 아빠가 되는 어 형사는 총각 때와는 전혀 다른 느낌. 아이를 잃어버렸다 찾은 아버지의 절절함이 마치 자신의 일처럼 느껴졌다. 솔이 엄마는 몸이 좋지 않아 함께 오지 못했기 때문에 별이가 얼른 전화로 소식을 알려 주었다. 솔이 엄마도 좋아서 울음을 터뜨렸다.

그렇게 잠시 부자간의 눈물 어린 상봉을 하고 나니, 아이가 자고 있던 방 안이 눈에 들어왔다. 아이의 머리맡에는 요즘 아이들 사이에서 최고 인기 캐릭터인 뽀로롱 인형이 놓여 있었다. 태양이가 물었다.

"솔이야, 이거 누가 사 준 거야?"

"뽀로롱이."

뽀로롱이 뽀로롱 인형을 사 줬다고? 아직 잠이 덜 깨서 그런 건지, 아니면 아직 어려 말을 잘 못해서 그런 건지 알 수가 없었다. 한 검사가 아이를 안고 일어나며 말했다.

"일단 집에 데려가서 쉬게 해야겠어요. 충격이 심했을 거예요."

이제껏 부모와 떨어져 본 적이 없었다니, 얼마나 무서웠을까?

"네. 얼른 데리고 가세요. 우린 여기 좀 더 둘러보고 갈게요."

어 형사가 말하자 한 검사는 깍듯이 인사했다.

"감사합니다. 어 형사님이랑 CSI 덕분이에요."

솔직히 꼭 그렇다고 하기도 뭐하다. 백방으로 뛰었지만 결국 범인에 대한 단서는 아무것도 찾지 못했고, 범인 스스로 아이를 돌려준 상황이니까 말이다. 그런데 아무리 생각해도 이상하다. 이렇게 돌려줄 거면 아이를 왜 데려갔을까? 앙갚음이 목적이었다 해도, 수화기 너머에서 버럭 소리 한번 지른 것으로 화가 풀렸단 말인가? 아이를 찾았는데, 오히려 의문은 자꾸 커져만 갔다.

아이를 유괴하는 죄는 엄청나게 큰 죄. 아이를 무사히 돌려준 것이 정상참작은 되겠지만 그렇다고 죄를 씻을 수는 없는 일. 별이와 수리는 여관 주인을 만나 보기로 하고, 태양이와 철민이는 방 안에서 범인의 흔적을 찾아보기로 했다.

아침 일찍부터 들이닥친 경찰에 여관 주인은 반쯤 혼이 나간 표정이었다. 별이가 물었다.

"208호 숙박일지 쓴 거 있죠?"

주인은 일지를 펼쳐 보여 주었다. 거기 적혀 있는 이름은 강수철. 주소는 부산으로 되어 있었다.

"어젯밤 9시쯤 자는 아이를 안고 왔더라고. 나이는 이십대 중반 정도로 보였고, 모자를 쓰고 있었어. 키는 170센티미터가 좀 넘는 정도? 체격은 마른 편이었어. 방 하나 달라고 하기에 열쇠를 주고, 아이 안고

계단 오르는 게 힘들 것 같아 내가 '도와줄까요?' 했더니, '괜찮아요.' 하면서 웃는데 말씨는 서울 말씨더라고."

"다른 수상한 점은 없었나요?"

수리가 물었다.

"아이 아빠치고는 좀 젊다고 생각하긴 했지. 그런데 모자를 쓰고 있어서 자세히는 못 봤지만 인상이 나빠 보이진 않더라고. 또 아이가 잘 자고 있으니까 유괴범이라고는 생각도 못했지."

여관 주인은 무척이나 놀란 듯 연신 고개를 저었다.

우선 숙박일지에 적힌 주소와 강수철이라는 사람의 신분을 확인해 보니, 역시 그런 주소에 그런 사람은 없었다. 예상대로 범인이 신분을 감추기 위해 가짜로 적은 것이었다.

수리와 별이는 주인에게서 CCTV 데이터를 받았다. 현관과 2층 계단 참에 설치된 CCTV 데이터를 돌려 보니, 범인이 아이를 안고 들어오는 모습과 계단을 올라오는 모습, 그리고 밤 10시가 다 되어 혼자 나가는 모습, 15분쯤 후에 다시 들어오는 모습, 그리고 마지막으로 오늘 새벽 6시 30분쯤 나가는 모습이 고스란히 찍혀 있었다.

키는 173센티미터 정도, 마른 편, 머리는 곱슬이고, 청바지에 검은색 셔츠를 입고 있었다. 그런데 모자를 쓰고 고개를 계속 숙이고 있어서 얼굴을 확인하기는 쉽지 않았다. 그래도 일단 여관 주인의 증언과 CCTV 데이터를 토대로 몽타주를 만들기로 했다.

 ## 범인의 특징을 포착하다

한편, 태양이와 철민이는 지문 채취를 시작했다. 방 안에는 남아 있는 지문이 거의 없었다. 범인이 꼼꼼히 지우고 간 듯했다. 그런데 태양이가 쓰레기통에서 뭔가를 발견했다. 한입 베어 물고 버린 사과.

"사과다!"

태양이의 말에 철민이도 와서 살펴보며 말했다.

"범인이 먹다 버린 건가 봐. 갈변이 되긴 했지만 아직 썩지는 않았어. 침이 묻어 있을 테니까 이걸로 유전자 감식을 해 보면 결정적 증거가 되겠는걸."

그렇다. 용의자를 찾으면 그가 범인인지 아닌지를 명확하게 가려 줄 중요한 단서를 찾은 셈이다. 그런데 사과를 살피던 태양이가 말했다.

"이 잇자국, 좀 특이하다. 아무래도 앞니 하나가 없는 것 같아."

"앞니 하나가 없다고?"

그때 1층에서 조사를 마친 별이와 수리가 올라왔다. 태양이가 증거물 봉지에 담긴 사과를 보여 주며 잇자국이 특이하다고 설명하자, 수리가 말했다.

 **갈변 현상은 왜 일어날까?**

사과뿐 아니라 감자, 고구마, 바나나 등은 껍질을 벗겨 공기 중에 두면 색깔이 갈색으로 변하는 갈변 현상이 일어나. 이들에 함유된 페놀성 화합물이 폴리페놀옥시다아제라는 효소에 의해 산화되어 멜라노이딘이라는 갈색 물질이 생겨나기 때문이지. 갈변 현상은 산소와 만나는 것을 차단함으로써 억제시킬 수 있어. 그래서 사과의 갈변을 막으려면 설탕물이나 소금물에 담가 놓으면 되지.

"앞니 하나가 없다? 아주 확실한 특징인데."

태양이가 설명했다.

"잇자국을 조사해서 결과가 그렇게 나온다면 말이야. 물론 앞니 하나가 빠진 것처럼 눈에 띄는 특징이 없는 평범한 잇자국으로도 용의자를 찾을 수 있어. 치흔은 지문처럼 사람마다 모두 다르거든."

"정말?"

"응. 사람의 턱은 크기가 다 다르고, 치아의 모양과 배열도 달라. 또 이가 썩었거나, 뺐거나, 아니면 새로 해 넣었거나 하는 등 각자 특징이 있어. 그래서 잇자국을 용의자의 것과 비교했을 때 치아 사이의 틈이나 불규칙한 모양, 치료받은 흔적 등의 특징이 일치하면, 그 잇자국을 용의자의 것으로 추정할 수 있지. 치아는 무척 단단해서 이런 사과 같은 음식물뿐 아니라 피해자의 몸에 흔적을 남기기도 해."

그러자 철민이가 덧붙여 말했다.

"맞아. 치아는 단단해서 땅에 묻혀 있어도 잘 안 썩는다고 하더라."

"그래. 치아는 쉽게 부서지지 않고, 불에도 잘 타지 않아. 그래서 사람이 죽고 시간이 한참 흐른 뒤에도 턱뼈에 붙은 채 남아 있는 경우가 많아. 법치의학자들은 치아의 상태, 닳은 정도, 없어진 치아 등을 살펴서 사망자의 나이, 직업, 버릇 등을 추정하고, 신원을 알아내지."

태양이의 얘기를 듣고 있던 별이가 말했다.

"좋아. 그럼 일단 잇자국 분석 의뢰하고, 몽타주부터 만들자."

아이들은 학교로 돌아와 곧바로 사과를 과학수사연구소로 보냈다. 이제 법치의학자 손병호 박사가 사과에 남은 잇자국을 확실한 증거물로 만들어 줄 것이다. 또 유전자 감식도 의뢰하고, 목격자의 진술과 CCTV 데이터를 토대로 몽타주도 만들어 달라고 부탁했다.

그런데 태양이는 아까 사과에 남은 잇자국을 보고 앞니 하나가 없는 사람이 용의자라는 생각이 드는 순간부터 괜히 마음 한구석이 찜찜했다. 어디선가 그런 사람을 본 적이 있는 것 같았기 때문이다.

'누구지? 분명히 봤는데……'

순간, 태양이의 머릿속에 얼굴 하나가 번쩍 떠올랐다. 태양이는 저도 모르게 자리에서 벌떡 일어났다.

"왜 그래?"

철민이가 의아한 표정으로 물었다.

"태양여관 CCTV 데이터 어디 있지?"

태양이가 묻자 별이가 대답했다.

"컴퓨터에 복사해 놓은 거 있어. 왜?"

"뭐 좀 확인할 게 있어서."

태양이는 황급히 컴퓨터를 켜서 데이터를 돌려 보았다. 화면 속 용의자는 체형도 걸음걸이도 태양이가 생각해 낸 사람과 아주 비슷했다. 머리가 곱슬인 것만 빼고. 하기야 머리는 가발을 썼을 수도 있다.

"나 잠깐만 나갔다 올게."

"어디 가는데?"

철민이가 태양이의 뒤통수에 대고 소리쳤지만 태양이는 대꾸도 없이 후다닥 사라져 버렸다. 갑자기 무슨 일인지, 아이들은 어리둥절했다.

태양이가 서둘러 달려간 곳은 바로 집 앞에 있는 편의점. 주인 아저씨가 가게를 보고 있었다.

"아저씨, 태풍이 형 안 나왔어요?"

"아직. 오늘은 오후에나 나올 수 있대. 어제도 급한 일 생겼다고 안 나오더니……. 갑자기 바람이 들었나?"

"형, 어제도 안 나왔어요?"

"응. 집에 갑자기 사정이 생겨서 못 나온다고."

강태풍. 태양이의 집 앞 편의점에서 아르바이트를 하는 형이다. 나이는 25세. 편의점에서 일한 지는 6개월 정도 됐다. 태양이 이름을 알고는 군대 간 자기 동생 이름도 태양이라며, 그때부터 친동생처럼 대해 주었다. 이번에 노라바 놀이공원의 할인 쿠폰도 태풍이 형이 준 것. 두 달 전부터 주말마다 놀이공원에서 인형 탈 쓰고 아르바이트를 하는데 거기서 쿠폰을 얻었다면서 친구들이랑 놀러 가라고 준 것이었다.

그런데 태풍이 형은 앞니가 하나 없다. 가운데 윗니. 그래서 첫인상은 살짝 바보 같아 보이기도 했다. 하지만 착하고 똑똑한 형이었다.

'빠진 앞니, 놀이공원, 그리고 인형 탈……. 그래, 인형 탈!'

아까 여관에서 태양이가 물었을 때 솔이는 뽀로롱이 뽀로롱 인형을 줬다고 했다. 아이가 어려서 인형이랑 사람을 잘 구별하지 못하나 싶었는데, 이제 보니 그게 아니다. 혹시 형이 놀이공원에서 아르바이트할 때 쓰는 인형 탈이 뽀로롱 아닐까?

한 검사 말로는 솔이가 제일 좋아하는 캐릭터가 바로 뽀로롱이라고 했다. 뽀로롱 인형 탈을 쓴 사람이 다가왔다면 솔이는 좋아라 따라갔을 게 분명하다. 그리고 형은 놀이공원에서 일했으니 어디에 CCTV가 있는지, 어디로 가면 사람들 눈에 띄지 않을지 잘 알고 있지 않았을까?

태양이는 생각하고 싶지도 않은 상황에 직면했다. 자신에게 너무도 잘해 준 형을 지금 유괴범으로 의심하고 있는 것이다. 자신의 생각이 틀리기를 바랐지만 앞뒤 상황은 너무도 잘 들어맞았다.

 ## 괴로운 결론

태양이는 주인 아저씨께 자신이 다녀간 것을 태풍이 형에게는 비밀로 해 달라고 부탁하고 학교로 돌아왔다. 그리고 아이들에게 상황을 설명하자 모두들 깜짝 놀라는 표정. 별이가 말했다.

"범인은 돈이 목적이 아니었어. 게다가 아이를 무사히 다시 돌려보냈잖아. 그렇다면 역시 한 검사님과 원한관계에 있는 사람이 아닐까?"

아이들은 먼저 강태풍의 신원을 조회해 봤다. 그런데 이게 어떻게 된 일인가! 8년 전, 그러니까 형이 고등학교 2학년 때, 과실치사 혐의로 소년원에 수감되었던 기록이 있었다. 그렇게 착하고 정 많은 형이 전과자였다니. 그것도 살인! 태양이는 도저히 믿을 수가 없었다.

별이가 떨리는 목소리로 말했다.

"강태풍을 구속 기소한 검사가 한강수 검사야."

"그럼 이 사건으로 한 검사님에게 원한을 품고 있다가 복수를 위해 아이를 유괴한 거네."

수리가 이제야 알겠다는 듯 말했다.

"전화 왔을 때 목소리 녹음한 거 있잖아. 잇자국 증거랑 유전자 감식 결

 이는 단단한데, 왜 썩을까?

음식물을 먹으면, 입안에는 음식물 찌꺼기가 남아. 그러면 충치를 일으키는 세균이 음식물을 부패시키는데, 이때 생긴 산이 이의 석회 성분을 녹이거나 파괴시키기 때문에 이가 썩게 되는 거야. 처음 법랑질에 충치가 생길 때는 특별한 증상이 없지만, 상아질에 이르면 찬물이나 찬 음식을 먹을 때 이가 시리고 통증을 느끼게 되지.

과도 나올 테고. 일단 잡아들일까?"

철민이의 말에 태양이가 버럭 화를 냈다.

"안 돼!"

철민이는 깜짝 놀라 움찔했다. 태양이의 예민한 반응을 이해할 수 없는 건 아니다. 친한 형이 전과자에 유괴범이라는 걸 알았으니 얼마나 괴롭겠는가.

잠시 무언가 생각하던 태양이는 과학수사연구소의 법치의학자 손병호 박사에게 전화를 걸었다.

"박사님, 사과에 남은 잇자국 확인하셨죠? 범인이 앞니 하나가 없는 게 맞나요?"

"맞아. 치본 다 떠 놨으니까 용의자 찾으면 비교해 봐."

태양이는 힘없이 전화를 끊었다. 그러고는 다시 사건 기록을 뒤적거리더니, 갑자기 벌떡 일어나며 말했다.

"사건 당시 진단서를 받은 병원에 가 봐야겠어."

그러자 수리가 말했다.

"그래. 좀 더 확실하게 알아보는 게 좋겠지. 그럼 너랑 철민이는 병원에 가 봐. 나는 별이랑 놀이공원에 가서 그날 강태풍이 뽀로롱 탈을 썼는지 알아볼게."

"그럼 난 한 검사에 대해서 더 알아보지."

어 형사였다. 언제 왔는지 아이들의 얘기를 듣고 있었던 모양이다.

"내가 한 검사에게 범인을 잡아야 되니까 아이가 좀 진정되면 진술을 듣게 해 달라고 했더니, 괜찮다는 거야. 아이를 찾았으니, 이제 범인은 자기가 잡겠다고."

태양이가 말했다.

"한 검사님도 뭔가 맘에 걸리는 게 있군요!"

"그래서 좀 자세히 알아보려고. 또 강태풍이 8년 전 사건으로 한 검사에게 원한을 가졌다면 뭔가 억울한 부분이 있었다는 거잖아. 그게 뭔지도 알아보고."

어 형사는 8년 전 강태풍 사건에 대해 상세히 알아보기로 하고, 별이와 수리는 놀이공원으로, 태양이와 철민이는 치과병원으로 향했다.

놀이공원에 간 별이와 수리는 강태풍이 주말마다 인형 탈을 쓰는 아르바이트를 하고 있다는 사실을 확인했다. 오전에 한 번, 오후에 한 번, 놀이공원 안을 돌아다니며 아이들과 함께 사진을 찍어 주는 일을 하는데, 강태풍은 뽀로롱 탈을 쓴다는 것. 또 퍼레이드에는 참가하지 않기 때문에 보통 5시에 퇴근한다는 것이었다.

사건 발생 시간은 6시 10분경. 그렇다면 다시 와서 탈을 쓰고 나간 것일까? 별이와 수리는 인형 탈이 보관되어 있는 창고로 가서 입구에 있는 CCTV 데이터를 확인해 보았다. 일요일 5시 50분 강태풍이 들어오는 모습과 5분 후에 큰 가방을 메고 나가는 모습이 찍혀 있었다. 인형 탈을 넣을 수 있을 만큼 큰 가방이었다.

"뽀로롱 탈을 가지고 나간 거라면, 언제 다시 갖다 놓은 거지?"

수리가 의문을 제기했다. 다시 데이터를 살펴보니, 바로 오늘 아침 10시쯤 똑같은 가방을 메고 들어왔다 나가는 강태풍의 모습이 찍혀 있었다. 아이를 돌려보낸 후, 인형 탈을 제자리에 가져다 놓은 듯했다. 그렇다면 일요일 저녁, 강태풍은 뽀로롱 탈을 쓰고 솔이에게 접근, 솔이를 유괴한 것이 분명하다.

한편, 사건 관련 자료에 나와 있는 치과병원을 찾아간 태양이와 철민이. 다행히 원장은 진료 기록을 보더니, 그 오래된 일을 기억해 냈다.

"한 남학생이 왔는데, 앞니가 부러졌더라고. 이를 뺄 수밖에 없었지. 진단서를 떼 달라고 해서 떼 줬고."

강태풍은 그때 빠진 이를 새로 해 넣지 못하고 8년을 살았던 것이다.

태양이와 철민이는 치과병원에 보관되어 있던 강태풍의 엑스레이 사진을 가지고 과학수사연구소로 가서 손병호 박사에게 보여 주었다. 손 박사는 사과에서 떠 놓은 치본과 비교해 보더니, 사과에 남은 잇자국이 강태풍의 것임을 확인해 주었다.

태양이는 가슴이 쿵 내려앉았다. 제발 아니길 바랐는데, 결국 사실이 되고 말았다.

강태풍 이야기

아이들이 학교로 다시 모이자, 어 형사는 8년 전 사건에 대해 조사한 결과를 말해 주었다.

"8년 전, 신석고등학교에 다니던 2학년 학생 여섯 명이 동네 놀이터에서 싸웠는데, 그중 한 명이 급소를 맞고 즉사한 사건이야. 2대 4로 싸웠다는데, 처음엔 다른 아이가 범인이었다가 하루 만에 강태풍이 범인으로 바뀌었더군."

"왜요?"

아이들이 동시에 물었다.

"처음 범인으로 지목된 사람은 박시훈이라는 같은 반 친구였는데, 다음 날 상대방 네 명 모두 진술을 번복한 거야. 강태풍이 무서워서 거짓 증언을 했다고. 박시훈이 자백한 것도 강태풍이 시킨 한 거라고."

"태풍 형이 시켰다고요?"

태양이가 물었다.

"강태풍이 그 동네에서 주먹깨나 쓰던 애였나 봐."

"어떻게 목격자 진술만 믿고 하루아침에 범인이 뒤바뀔 수 있어요? 뭔가 다른 이유가 있어서 갑자기 진술을 바꾼 걸 수도 있잖아요."

태양이가 못 믿겠다는 듯 말했다.

"여하튼 관련자들의 진술이 다 일치하니까 강태풍은 소년원에 가게 됐고, 그 사건을 맡았던 사람이 한강수 검사였던 거지."

지금까지의 증거로 보면 이번 유괴 사건의 범인도 강태풍이다. 그렇다면 정말 그는 이제껏 태양이가 생각해 왔던 성실하고 착한 형이 아니었단 말인가. 어 형사가 태양이에게 물었다.

"어떡할래? 네가 갈래?"

태양이는 잠시 생각하더니 벌떡 일어나며 대답했다.

"네. 시간을 좀 주세요."

태양이와 아이들은 편의점으로 갔다. 강태풍이 계산대에 서 있는 것이 보였다. 먼저 태양이 혼자 편의점으로 들어갔다. 강태풍은 태양이를 반갑게 맞았다.

"어, 신태양! 덥지?"

하지만 태양이는 아무 대답도 없이, 눈물이 그렁그렁한 채 강태풍을 쳐다보았다. 강태풍은 이내 상황을 파악했다. 태양이가 CSI임을 강태풍도 잘 알고 있었기 때문이었다. 강태풍은 고개를 떨구며 말했다.

"미안해. 네가 알고 있는 좋은 형이 아니어서."

그러면서 수갑을 채우라는 듯 가만히 두 손을 내미는 것이었다. 태양이의 눈에서 눈물이 뚝뚝 떨어졌다. 강태풍은 경찰서로 연행되었고, 어 형사에게 범행 일체를 자백했다.

부모님은 어릴 때 다 돌아가시고, 할머니 밑에서 동생과 함께 자라던 소년 가장 강태풍. 중학교 때까지는 불우한 가정환경을 탓하며 나쁜 짓도 많이 했단다. 하지만 자신과

같은 처지인데도 할머니께 효도하기 위해 열심히 공부하는 어린 동생을 보고 고등학교에 올라가면서 마음을 고쳐먹었다. 공부도 열심히 하고, 아르바이트를 해서 생활비를 벌기도 했다.

 그런데 2학년 올라가서 얼마 되지 않은 어느 날, 아르바이트를 마치고 밤에 집으로 돌아가는데 어두컴컴한 동네 놀이터에서 한 아이가 맞고 있는 모습을 발견했다. 자세히 보니, 같은 반 친구 박시훈. 부잣집 외동아들인데 워낙 소심해 왕따를 당하고 있는 아이였다. 네 명의 아이들에게 둘러싸여 일방적으로 맞고 있는 친구를 강태풍은 그냥 지나칠 수 없었다. 그래서 싸움에 말려들었는데, 치고받고 하는 와중에 박시훈이 한 아이의 급소를 때려 그 아이가 그 자리에서 사망하고 만 것이다.

 경찰이 출동하고, 상대편 아이들의 진술과 박시훈의 자백에 의해 박시훈의 과실치사로 사건이 마무리되어 갔다. 강태풍은 앞니가 부러지는 바람에 치과에서 진단서를 떼서 제출했다. 그런데 다음 날, 경찰이 갑자기 집으로 강태풍을 잡으러 왔다. 상대편 아이들이 강태풍이 진범이라고 진술을 번복했다는 것. 정말 기막힌 상황이었다.

 자신은 범인이 아니라고 아무리 주장해도 경찰도, 검사도, 심지어 국선변호사도 가난한 소년 가장의 말을 들어주지 않았다. 차라리 빨리 혐의를 인정하고 잘못했다고 비는 것이 감형을 받을 수 있는 지름길이라고까지 했다. 강태풍이 혐의를 뒤집어쓰고 소년원으로 들어가기 전날, 박시훈은 부모에 의해 미국으로 보내졌다.

불행은 그뿐만이 아니었다. 강태풍의 할머니는 그 충격으로 한 달도 못 돼 돌아가시고, 공부 잘하던 동생은 혼자 남겨져 너무도 힘들게 살았다. 살인자의 동생이라는 손가락질까지 받으면서. 결국 대학은커녕 고등학교를 겨우 졸업하고 지금은 군대에 가 있다는 동생.

"다 잊고 어떻게든 열심히 살아 보려고 했어요. 그런데 그날 오후, 놀이공원에서 뽀로롱 탈을 쓰고 캐릭터 사진을 찍어 주고 있었는데, 유난히 매달리고 안 떨어지는 아이가 있었어요. 아이의 아빠가 와서 아이를 안고 가는데, 그 사람이 한강수 검사인 거예요."

행복한 한강수 검사의 모습을 보니, 너무 억울하다는 생각이 들었다는 것. 부모 없는 소년 가장이고, 과거 모범생이 아니었다는 이유만으로 강태풍의 이야기는 전혀 들어주지 않던 사람. 그리고 결국 강태풍을 범인이라고 주장했던 사람.

"그 일로 내 인생이 바뀌었을 뿐 아니라 할머니도 돌아가시고 동생도 얼마나 힘들었는지 몰라요. 그런데 정작 우리 가족을 이렇게 만든 사람은 행복하게 사는 모습을 보니까 너무 억울한 거예요."

그래서 한 검사에게도 가족을 잃은 고통이 얼마나 큰지 느끼게 해 주고 싶다는 생각을 하게 됐고, 아이가 뽀로롱 인형을 좋아하는 것을 이용해 퇴근 후 다시 뽀로롱 탈을 쓰고 아이를 유괴했던 것이었다.

뽀로롱이 아이를 안고 가니 사람들은 아무도 의심하지 않았고, CCTV 위치도 알고 있었기 때문에 흔적을 남기지 않을 수 있었던 것.

"그런데 왜 아이를 그냥 돌려줬죠? 한 검사에게 돈을 요구할 수도 있었을 텐데요?"

어 형사가 물었다.

"처음부터 돈을 받아 낼 생각은 전혀 없었어요. 그저 저와 제 가족이 느낀 고통을 똑같이 느끼게 해 주고 싶었어요. 첫날은 아이를 집으로 데려가서 뽀로롱 인형도 사 주고, 맛있는 것도 사 주었더니, 보채지 않고 금방 잠들었어요. 그런데 아침에 일어나자마자 엄마를 찾기 시작하더니, 놀이터에 데려가도 과자를 사 줘도 계속 엄마만 찾으면서 울더라고요. 그런 아이를 보니, 어렸을 때 제 모습이 생각났어요. 돌아가신 엄마를 찾으며 자다가도 울면서 일어나던 모습이."

그래서 마음을 고쳐먹고 아이를 곧바로 돌려주기로 한 강태풍. 가발을 쓰고 위장한 채 아이를 여관에 데려다 놓고 나와서 한 검사에게 전화를 걸었는데, 다짜고짜 돈을 주겠다는 말에 화가 나서 전화를 끊어 버렸던 것.

"아이를 더 데리고 있으면서 한 검사를 괴롭힐까 밤새 고민했어요. 그런데 자는 아이의 얼굴을 보니까 그렇게는 못하겠더라고요."

그래서 다음 날 아침 일찍, 다시 한 검사에게 아이를 데려가라고 전화를 했던 것. 그리고 자신에 대한 단서를 남기지 않기 위해 지문을 샅샅이 지웠는데, 거기에 너무 신경 쓰다 보니 미처 쓰레기통을 확인하지 못하여 오히려 결정적인 단서를 남기고 말았던 것이다.

태양이는 마음이 아팠다. 경찰이든 검사든 판사든 변호사든, 범인을 가려내고 그들의 죄를 판단하는 역할을 한다. 하지만 때때로 그 판단에 편견이 들어가면, 가난하고 힘이 없다는 이유로, 한때 잘못을 저지른 과거가 있다는 이유로 억울한 사람을 죄인으로 만들 수도 있는 것이다.

죄를 심판하고 벌하는 법. 하지만 법도 결국 모두가 서로 어우러져 행복하게 살기 위해 만든 것이 아닌가. 가난한 사람, 힘없는 사람, 억울한 사람의 이야기를 들어주고 포용할 수 있는, 그런 따뜻한 법. 태양이는 그런 법을 공부하고 싶다는 생각이 들었다.

물론 태풍이 형의 말만 믿을 수는 없다. 하지만 정말 태풍이 형의 말이 진실이고, 형이 억울하게 누명을 쓴 거라면, 태양이는 그 누명을 꼭 벗겨 주고 싶었다. 그래서 따뜻한 법이 얼마나 큰 힘을 발휘하는지, 태풍이 형에게 그리고 세상에 보여 주고 싶다는 생각이 들었다.

 ## 태양이가 들려주는 사건 해결의 열쇠

아이를 유괴한 범인이 태풍이 형이라는 사실을 눈치챌 수 있었던 것은 이와 잇자국에 대해 잘 알았기 때문이야.

💡 치아란?

치아, 즉 이는 우리가 먹은 음식물을 부수거나 으깨어 소화를 도와주는 역할을 해. 날카로운 앞니는 자르고, 뾰족한 송곳니는 찢고, 넓적한 어금니는 갈아서 으깨지.

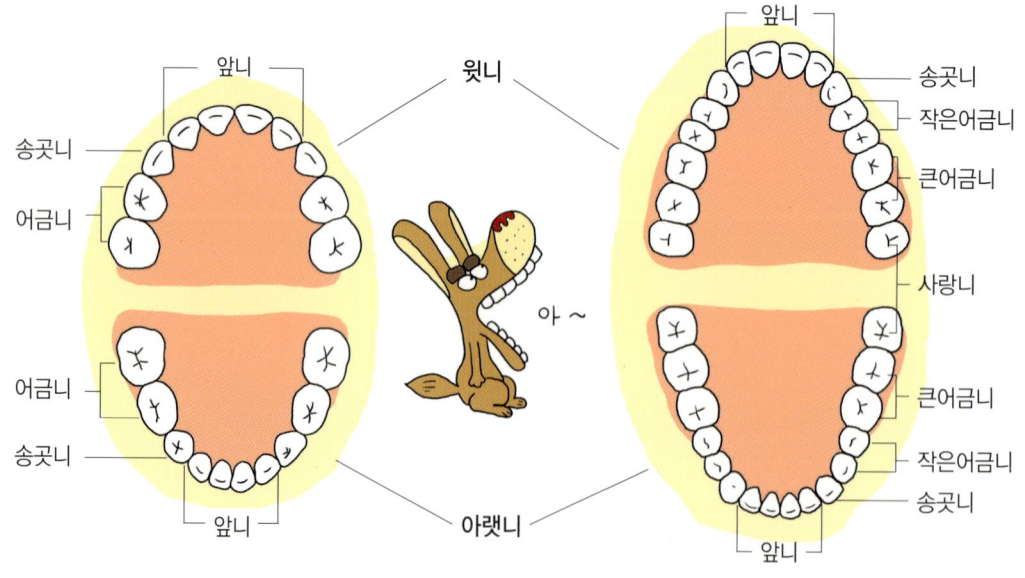

어린이의 젖니 구조   젖니가 빠진 후 나는 간니 구조

〈치아의 구조〉

뿐만 아니라 앞니는 사람의 얼굴 모습에 영향을 미치고, 발음에도 중요한 역할을 해. 또 치아는 얼굴의 발육과도 관련이 있고, 씹는 과정을 통해서 뇌에 자극을 주어 자율신경의 균형을 유지해 주는 역할도 하고 있지.

치아의 가장 바깥층은 법랑질(에나멜질)로, 매우 단단하고 치밀해. 그 아래층은 상아질로, 법랑질보다는 덜 단단하고 뼈와 유사한 성분으로 되어 있지. 그리고 그 아래 신경과 혈관이 있고, 그것을 잇몸이 받치고 있어.

어린이는 위아래 각각 10개씩 총 20개의 젖니(유치)가 나. 그러다가 자라면서 모두 빠지고 이가 새로 나는데, 이것을 간니(영구치)라고 해. 간니는 28개가 나고, 사랑니를 포함해서 32개까지 나기도 해.

💡 치아와 과학수사

치아는 아주 단단하고, 쉽게 부서지지 않으며, 불에도 잘 타지 않기 때문에 오래된 시신에도 턱뼈에 붙어서 남아 있는 경우가 많아. 그래서 법치의학자들은 치아를 보고 시신의 나이, 직업, 버릇 등을 알아내서 신원을 파악할 수 있지. 사람마다 치아가 난 상태도 다르고, 닳은 정도, 치과 치료를 받은 흔적 등 저마다 다른 특징을 가지고 있기 때문이야.

치아의 모양은 건강 상태와 식습관에 따라 차이가 있어. 앞니에 미세한 홈이 많이 나 있는 것은 어린 시절에 음식을 제대로 먹지 못했다는 뜻이고, 어금니가 많이 닳아 있으면 딱딱한 음식을 많이 먹었다는 증거지.

또 담배를 피우는 사람은 치아가 닳고 니코틴이 착색되어 있고, 재단사는 이빨로 실을 끊는 버릇 때문에 치아 표면에 홈이 파여 있는 경우가 많지. 나이에 따라서도 치아 상태가 다르기 때문에 치아를 보면 대략적인 나이를 알 수 있어.

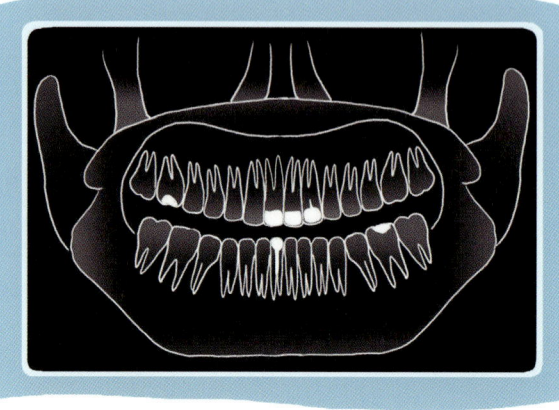

〈엑스레이로 확인한 치아의 상태〉

치과 의사는 치아를 빼거나 때우거나 치관을 씌우는 등 치료를 할 때마다 모든 기록을 남기게 되어 있어. 그래서 시신에 남아 있는 치아를 생전의 치과 진료 기록과 비교해 보면 신원을 확인할 수 있지.

💡 잇자국과 과학수사

치아는 단단하기 때문에 어떤 것을 물면 그 물체에 잇자국, 즉 치흔이 남지. 과일이나 치즈 같은 음식물뿐 아니라 피해자의 몸에서도 잇자국이 발견되는 경우가 종종 있어.

그런데 치아는 사람마다 각기 다른 특징을 가지고 있다고 했잖아. 그래서 잇자국을 용의자의 치아 사진이나 치과 진료 기록 등과 비교해 보면, 누구 것인지 알 수 있지.

일단 잇자국이 남아 있는 증거물을 찾으면, 단단해지도록 경화제를 뿌리고, 실리콘 러버를 바른 후 굳혀서 떼어 내 치본(치아를 본뜬 것)을 만들어.

필요한 경우에는 치본이 굳어진 다음 석고를 채워 넣어 치아와 잇몸에 대한 거의 완벽한 복제품을 만들기도 해.

그리고 이것을 용의자의 치과 진료 기록이나 치아의 엑스레이 사진과 비교하는데, 턱의 크기와 모양, 빠진 치아, 부러진 치아 등을 하나하나 비교하면 용의자의 것이 맞는지 확인할 수 있어.

물론 동물에게 물린 자국도 구별할 수 있어. 동물마다 턱 모양, 이빨의 배열 형태가 다 다르거든. 그래서 물린 자국을 살펴보면, 어떤 동물의 공격을 받았는지, 또 어린 동물인지 나이든 동물인지까지도 알아낼 수 있지.

〈치본 뜨기〉

그러니까 생각해 봐. 범인에 대한 명확한 단서가 없는 상황에서 사과에 남은 잇자국을 발견, 범인은 앞니 하나가 없는 사람임을 알게 되었어. 그리고 그 사람이 태풍이 형이라는 걸 직감하고, 명확하지 않았던 단서를 조합해 사건을 해결할 수 있었지.

핵심 과학 원리 | 기온

사건 4

시간을 추적하라!

그렇다면 변심애는 무슨 일로 아침 일찍 거수동에 간 것일까?
조사를 할수록 자꾸 의문이 커지는 사건. 게다가 아이들은
변심애의 죽음이 자살이 아닐지도 모른다는 생각이 더욱 강해졌다.

 변사체를 발견하다

꿀맛 같은 방학을 보내고, 개학을 3일 앞둔 아이들은 개학 준비를 하기 위해 모두 기숙사에 모여들었다. 이제 진짜 마지막 학기다. 이번 학기를 끝내면 어린이 형사 학교를 졸업한다. 아이들은 모두 마음이 싱숭생숭했다. 3학년에 올라왔을 때와는 또 다른 기분이었다. 그때는 막연한 두려움이었다면, 지금은 얼마 남지 않은 기간 동안 자신의 진로를 결정해야 한다는 부담감이 팍팍 밀려왔다.

형사 학교를 그만두겠다고 해서 모두를 깜짝 놀라게 한 원소가 오히려 진로를 가장 먼저 결정했다. 법화학자가 되기로 한 것이다. 그렇게 진로를 정하고 나니, 원소는 형사 학교에서 왜 공부해야 하는지, 앞으로 무엇을 어떻게 공부해야 하는지 분명히 알게 되었다. 또 틈틈이 과학수사연구소 강 박사님을 찾아가 도와 드리기도 했다. 그 기간을 통해 형사들이 현장에서 어렵게 채취해 온 증거물들이 제대로 쓰이지도 못한 채 사라지지 않게 하기 위해, 또 피해자가 마지막으로 남기고 간 증거물들을 제대로 감식해 피해자의 억울함을 조금이라도 풀어 주기 위해서는 더 많이 공부하고 노력해야 한다는 것을 깨달았다.

요즘 들어 철민이는 계속 탐정이 되고 싶다고 노래를 부르고 다닌다. 감전일 선배에게 엄청난 감동을 받았으며, 어떻게 해서든 일본으로 유학을 가 감 선배의 수제자가 되겠다나 뭐라나. 물론 감 선배가 받아 줄

지는 아직 미지수지만, 어찌 보면 둘이 잘 맞을 것 같기도 하다.

태양이는 강태풍 사건으로 인해 법에 대해 더욱 관심을 갖게 되었다. 법이 만인 앞에 평등하려면, 범인을 잡고 죄를 가리고 법으로 심판하는 사람들은 어떠한 자격을 가져야 할까? 최소한 잘못된 선입견 때문에 억울한 누명을 쓰는 사람은 없어야 하지 않을까? 그리고 무엇보다 벌을 주기 위한 무서운 법이 아닌, 약자를 보호하고 감쌀 수 있는 따뜻한 법을 공부하고 싶다는 생각이 들었다.

짐을 정리하고 나니 점심시간. 이래저래 고민도 많고 말도 많은 아이들이니, 식당 안은 언제나 왁자지껄 정신이 없다. 그렇게 한참 수다를 떨고 있는데, 어 형사가 뛰어오며 소리쳤다.

"수리야, 황수리!"

어 형사의 수선이 하루 이틀이 아닌지라 아이들은 별다른 반응 없이 그저 어 형사 쪽을 쳐다보았다. 수리가 손을 흔들며 대답했다.

"네. 저 여기 있어요."

그러자 어 형사가 종이 한 장을 내밀었다. 이메일로 온 서류였다.

"이거 뭐야? 너 소설 썼어?"

어 형사가 놀란 표정으로 묻자, 수리는 말끝을 흐렸다.

"아, 그, 그거요……."

철민이가 얼른 끼어들어 서류를 보더니, 수선을 피웠다.

"뭐야! 어린이 문학상 대상?"

모두들 깜짝 놀랐다. 알고 보니, 수리가 출판협회에서 주최하는 어린이 문학상에 자신이 쓴 소설을 보냈는데, 그게 대상을 탄 것이었다.

"언제 그런 걸 썼어?"

"제목이 뭐야?"

아이들이 질문을 퍼붓자 수리의 얼굴이 점점 홍당무가 되었다. 어 형사가 나서서 정리를 했다.

"다들 조용, 조용. 소설 제목은 '숨겨진 일기장'. 가만, 이거 혹시 추리소설이니?"

"네."

"우와!"

탄성이 터져 나왔다.

"재미있겠다. 나도 보여 줘."

"대상이면 상금은 얼마야?"

또 난리가 났다. 수리에게 글재주가 있는 줄은 정말 아무도 몰랐다. 항상 조용하고 말 없는 수리. 과학수사 드라마를 좋아하는 것은 알고 있었지만 추리소설까지 썼을 줄이야. 어 형사가 수리 대신 말했다.

"상금은 100만 원이란다."

"한턱내!"

"그래! 팍팍 좀 쏴라!"

아니, 수리가 소설 쓰는 데 다들 무슨 도움을 줬다고 이 난리를 치는지. 수리는 웃으며 대답했다.

"알았어. 상금 받으면 쏠게."

시상식은 이번 주 토요일. 아이들은 수리의 수상을 마치 자기 일처럼 기뻐해 주었다. 혹시 수리도 추리소설가 제시캉처럼 유명한 작가가 될지 누가 알겠는가.

그런데 그 순간, 쿵쾅쿵쾅 강한 진동이 느껴졌다. 100미터 전에서도 오는 것을 알 수 있어서 별명이 '100미터'인 안 형사다. 안 형사는 또 무슨 일로? 철민이가 웃으며 물었다.

"안 형사님, 또 누가 상 탔어요?"

그러나 안 형사는 굳은 표정으로 대답했다.

"상은 무슨. 사건이야. 빨리 출동 준비해."

경기도의 한 야산에서 변사체가 발견됐다는 것. 어째 제대로 쉴 날이 없다. CSI 아이들은 곧바로 현장으로 출동했다.

사건 현장은 야트막한 동네 뒷산. 시신은 등산로에서 한참 떨어진 외진 곳에서 발견되었다. 나무의 굵은 가지에 줄을 매고, 거기에 목을 맨 채 숨져 있었는데, 나무 밑에는 가지런히 벗어 놓은 신발과 가방이 있었고, 밟고 올라간 후 발로 굴린 듯 묵직한 돌이 하나 있었다.

가방을 열어 보니 지갑과 신분증이 그대로 있었다. 이름은 변심애. 나이는 34세. 시신 상태로 봐서 사망한 지 10일 이상은 되어 보였다. 아마 평소 사람이 지나다니지 않는 길이라 이제야 시신이 발견된 것이리라.

현장에서 유서가 발견되지는 않았지만 일단 목을 맨 것과 주변에 남긴 흔적들로 봐서 자살인 듯 보였다. 아이들은 시신의 부검을 의뢰하고, 현장 사진을 꼼꼼히 찍었다. 그리고 증거물들도 빠짐없이 수거하여 봉지에 담아 과학수사연구소로 보냈다.

학교로 돌아와 사망자인 변심애에 대해 알아보니, 5년 전 북한에서 중국을 거쳐 혈혈단신으로 탈북, 대한민국으로 귀순한 새터민 여성이었다. 귀순해서 결혼은 하지 않았던 듯 가족 관계는 전혀 없었다.

그렇다면 변심애는 왜 죽은 것일까? 혹시 남한 사회에 적응하기 힘들어 자살을 택한 것은 아닐까? 죽음을 슬퍼해 줄 가족도 없이 외롭게 생을 마감한 변심애. 아이들은 착잡한 심정으로 수사를 시작했다.

 '변심애'라는 사람

아이들은 일단 변심애가 살았던 집부터 찾아갔다. 서울 외곽의 허름한 다세대 주택 3층이 그녀의 집이었다. 잠겨 있는 문을 열고 집 안으로 들어가 보니, 여자 혼자 살던 집이어서 그런지 비교적 깔끔하게 정돈되어 있었다. 하지만 살림 위에 먼지가 뽀얗게 앉은 것을 보니, 꽤 여러 날 전부터 집을 비운 것이 분명하다.

별이는 텔레비전 옆에 놓여 있는 작은 액자를 보았다. 빛바랜 사진이 들어 있었는데, 북에서 찍은 가족사진인 듯했다. 사진 속의 변심애는 스무 살 무렵의 앳된 모습이었다. 가족을 두고 혼자 남으로 넘어온 변심애. 왜 그녀는 가족을 뒤로하고 이곳으로 와야만 했을까? 그리고 그동안 얼마나 가족을 그리워하며 외롭게 살았을까 하는 생각에 별이는 마음이 아팠다. 유서라도 남아 있지 않을까 해서 아이들은 집 안 곳곳을 뒤졌다. 하지만 변심애의 유서는 찾을 수 없었다. 읽어 줄

사람이 없을 것 같아 유서 한 장도 남기지 않은 것일까?

그런데 부엌과 베란다를 둘러보던 수리는 좀 이상하다는 생각이 들었다. 냉장고에는 많지는 않지만 시장 봐 온 식료품이 들어 있었고, 바구니에는 아직 세탁하지 않은 세탁물도 남아 있었다. 게다가 베란다에서 썩는 냄새가 진동을 해서 보니, 음식물 쓰레기를 버리지 않고 그대로 둔 것이 썩어서 나는 냄새였다.

집 안 곳곳은 그녀가 살던 모습 그대로였다. 보통 자살을 결심한 사람은 죽기 전 자신의 주위를 깨끗이 정리한다는데 그런 느낌은 전혀 들지 않았다. 아니, 오히려 집 안을 둘러본 수리는 변심애의 죽음이 자살이 아닐지도 모른다는 생각이 들었다.

주변 사람들의 이야기를 들으면 뭘 알아낼 수 있을까 해서 아이들은 같은 건물에 살고 있는 사람들을 찾아갔다. 하지만 변심애에 대해 아는 사람은 한 명도 없었다. 심지어 아래층 할머니는 이렇게 말했다.

"말투가 좀 달라서 중국에서 온 조선족인가 했지."

변심애가 이곳에 이사 온 지 1년이 넘었다는데, 이웃과는 전혀 소통이 없었다는 얘기. 별이가 물었다.

"마지막으로 본 건 언제쯤인지 기억나세요?"

할머니는 고개를 갸우뚱하며 대답했다.

"글쎄, 꽤 된 거 같은데. 한 3주 전인가?"

아이들은 집 근처 가게로 탐문을 넓혀 보기로 했다.

집 앞 슈퍼 아주머니도 그녀를 잘 몰랐다. 사진을 보여 주자, 가끔 와서 생필품을 조금씩 사 갔던 것만 기억한다고 했다. 변심애는 이곳 환경이 너무 달라 적응하기 힘들었던 것일까? 아니면 북에 두고 온 가족이 그리워 힘들었던 것일까? 자유를 찾아 위험을 무릅쓰고 왔겠지만 그만큼 여기서 혼자 외로웠겠구나 하는 생각이 들었다.

학교로 돌아오는 길에 철민이가 의문을 제기했다.

"그런데 집에 전화가 없더라. 가방 안에 휴대전화도 없었지?"

맞다. 요즘 어른들 중에 휴대전화를 안 가진 사람은 거의 없다. 그런데 사건 현장에서 발견된 가방 안에는 휴대전화가 없었고, 집에도 전화가 없었다. 가족도 없이 외롭게 살았어도 전화를 안 쓰고 살았다는 건 말이 안 된다. 학교로 돌아와 알아보니, 변심애의 명의로 된 휴대전화가 있었다. 그렇다면 그 휴대전화는 지금 어디에 있을까?

마지막으로 신호가 잡힌 곳을 알아보니, 17일 전 그러니까 8월 5일 아침 7시 35분, 거수동 지하철역 근처. 시신이 발견된 곳과는 전혀 다른 방향이다. 그런데 통화 기록은 그보다 4일 전인 8월 1일 밤 8시 57분부터 9시 1분까지 사용한 것이 마지막이었다. 위치는 변심애의 집 앞 버스 정류장 근처. 통화한 상대가 누구인지 알아보니, 이름은 강소민.

그 후 전화가 끊기기 전까지 같은 번호로 여러 통의 전화가 더 걸려 오긴 했는데, 모두 받지 않은 상태였다. 전화 건 사람을 추적해 보니, 이름은 박철수. 그전의 통화 기록에도 이틀이나 사흘에 한 번씩은 꼭

전화했던 사람이었다.

강소민과 박철수를 만나면 변심애에 대해, 그리고 그녀의 죽음에 대해 뭔가를 알아낼 수 있지 않을까? 그래서 태양이와 수리는 박철수를, 별이와 철민이는 강소민을 만나 보기로 했다.

그런데 박철수는 다름 아닌 변심애가 일하러 다니던 식당의 주인이었다. 변심애의 사망 소식을 전하자 박철수뿐만 아니라 종업원 모두가 깜짝 놀라며 슬퍼했다. 특히 박철수는 충격을 많이 받은 표정. 태양이와 수리는 박철수를 따로 불러 변심애에 대해 물었다.

"저, 정말 착하고 일도 잘했어."

"새터민이라는 건 알고 계셨나요?"

태양이가 물었다.

"무, 물론이지. 처음부터 알고 있었어. 말투가 좀 다르길래 조선족이냐고 했더니 북에서 왔다고 하더라고."

이번엔 수리가 물었다.

"최근 들어 이상한 점은 없었나요?"

"글쎄. 그건 잘 모르겠고, 사실 우리 가게를 그만둔 지 좀 됐어."

"그만뒀다고요? 언제요?"

"8월 1일."

"그런데 그날도, 그 이후에도 변심애 씨에게 전화를 하셨던데요?"

"요, 요즘 사람 구하기가 아주 어렵거든. 또 새 사람 구하는 것보다 6개월이나 일한 사람을 쓰는 게 훨씬 낫지. 그래서 월급도 좀 올려 줄 테니 그냥 다시 나오라고 전화했는데, 계속 안 받더라고. 일부러 피하는 줄 알았지."

다른 종업원들에게도 물어봤지만, 식당에서 일한 지 6개월 됐고 새터민이라는 것밖에는 모른다는 것. 그런데 아무래도 뭔가를 쉬쉬하는 분위기다. 그게 도대체 뭘까?

한편, 강소민을 만난 별이와 철민이. 강소민은 변심애가 죽었다는 소식에 벌써 한바탕 울고 난 얼굴이었다. 나이는 29세이고, 그녀 역시 북에서 귀순한 새터민이었다. 변심애와 처음 만난 곳은 탈북한 사람들을 한국 사회에 적응할 수 있도록 교육시키는 새터민 교육기관.

강소민은 부모님과 함께 탈북해서 지금도 부모님과 함께 살고 있고, 북한에서 대학까지 졸업했기 때문에 현재는 한 회사에 취직해 다니고 있다고 했다. 변심애와는 언니, 동생 하는 사이로 가끔 만났다고 했다.

"그날 밤에 통화했을 때 목소리에 기운이 없긴 했지만 죽다니 말도 안 돼! 흑흑흑."

"뭔가 이상한 말을 하거나 자살을 암시하는 말을 하진 않았나요?"

"아니, 전혀. 다음 달쯤에 한번 보자고 했는걸. 그런데 자살이라니! 그럴 리가 없어. 게다가 지난번에 통화할 때 언니가 만나는 사람이 있다고 했었어."

"누구요?"

아이들이 동시에 물었다.

"언니가 일하는 식당 주인 이라던데?"

가만, 그럼 박철수! 그와 변심애가 만나고 있었단 말인가? 철민이는 곧바로 태양이에게 전화해 그 사실을 알렸다.

"뭐? 변심애와 박철수가 애인 사이였다고? 그런데 왜 박철수는 아무 말도 안 했지?"

태양이와 수리는 박철수의 가게에서 느꼈던 이상한 분위기가 무엇 때문이었는지 짐작이 되었다. 그리고 그전에도 박철수와 변심애가 종종 전화 통화를 했던 것도 이해가 되었다. 태양이는 박철수에게 전화를 걸어 경찰서로 나와 달라고 했다.

 수상한 식당 주인

근처 경찰서로 온 박철수는 올 것이 왔구나 하는 표정이었다. 안 형사도 아이들의 연락을 받고 그곳으로 왔다. 먼저 안 형사가 물었다.

"변심애 씨와는 애인 사이였다고 하던데, 사실인가요?"

박철수는 아무 말 없이 고개를 끄덕였다.

"그런데 아까는 왜 아무 말도 안 하셨죠?"

수리가 묻자, 박철수는 얼굴이 빨개지며 대답했다.

"집사람이 알게 될까 봐서……."

알고 보니, 박철수는 결혼한 남자. 아내도 가끔 그 가게에 나와 일을 한다는데, 종업원인 변심애와 애인 사이였다니, 정말 황당한 상황이다.

"그런데 사실 그날, 심애 씨가 갑자기 일을 그만두겠다면서 앞으로 만나지 말자고 했어요."

"왜죠?"

안 형사가 다시 물었다.

"집사람이 알게 될까 무섭다고요."

"그럼 음식점을 그만두기로 한 건 미리 얘기된 게 아니었나요?"

태양이가 묻자, 박철수는 고개를 끄덕이며 대답했다.

"응. 한 일주일 전부터 나를 조금씩 피하는 것 같긴 했어. 일 끝나고 잠깐 보자고 해도 피곤하다고 하고, 집 앞으로 가겠다고 해도 안 된다고 내일 보자고 하고. 그러더니 한마디 의논도 없이 갑자기 그만둔다고 하는 거야. 옆에 다른 종업원들도 있어서 아무 말도 못했지. 그래서 나중에 전화를 걸었는데 계속 안 받더라고. 안 되겠다 싶어 다음 날 집에 찾아갔는데, 결국 못 만났어."

"그래서 그 뒤로도 계속 전화하신 건가요?"

박철수는 고개를 끄덕였다. 그러더니 울음을 터뜨리며 말했다.

"그런데 이렇게 갑자기 죽을 줄은……. 게다가 자살이라니, 믿을 수가 없어. 흑흑흑."

그렇다면 변심애는 애초에 자살을 결심하고, 신변정리를 위해 다니던 식당을 그만두고 박철수와도 헤어진 것일까? 그런데 지금까지 조사한 내용으로 봐서는 자살할 만한 이유가 없다. 갑작스레 박철수와 헤어지고 직장까지 그만둔 이유도 얼른 납득이 가지 않는다. 갑자기 마음이 변한 이유가 뭘까?

아니면, 변심애가 헤어지자고 하자 박철수가 홧김에 살해한 후, 자살로 위장한 것은 아닐까? 그리고 알리바이를 위해 계속 변심애에게 전화를 한 것은 아닐까? 그렇다면 그날 밤이든 그 이후든 박철수와 변심애가 만났다는 증거를 찾아야 한다. 그나저나 변심애의 휴대전화 신호가 마지막으로 잡힌 거수동은 이 사건과 어떤 관련이 있는 것일까?

별이가 물었다.

"혹시 거수동 근처에 변심애 씨가 자주 가던 곳이 있나요?"

"글쎄. 심애 씨가 거수동에 가는 건 한 번도 본 적이 없는데."

그렇다면 변심애는 무슨 일로 아침 일찍 거수동에 간 것일까? 조사를 할수록 자꾸 의문이 커지는 사건. 게다가 아이들은 변심애의 죽음이 자살이 아닐지도 모른다는 생각이 더욱 강해졌다. 박철수는 아직 혐의가 입증되지 않았으므로 집으로 돌려보내고, 아이들과 안 형사도 학교로 돌아왔다.

다음 날 아침, 안 형사가 부검 결과를 알려 주었다.

"날이 더워서 시신이 많이 부패한 상태였대. 야외에 방치된 상태로 연일 30도가 넘는 기온을 감

안할 때, 검정파리가 번데기 상태인 것, 그리고 시신이 부패된 정도로 봐서, 사망한 지 15일에서 17일 정도 지났다는 결론이 나왔어."

사람이 사망하면 사체에 체온 하강, 사후 강직 등 물리화학적인 변화가 일어나므로 이러한 변화들을 측정하여 사망 시간을 추정할 수 있는데, 사망 후 시간이 너무 오래 지나면 이러한 변화의 측정은 점점 의미가 없어진다.

그럴 때는 다른 지표가 필요한데, 그것은 바로 사체 주변에서 발견되는 곤충과 유충들이다. 사람이 사망하면 바로 부패가 시작되면서 다양한 곤충들이 사체에 몰려드는데, 이들 곤충의 성장 정도로 시신의 사후 경과 시간을 추정할 수 있다. 대표적인 것이 바로 검정파리. 검정파리의 유충인 구더기의 성장 정도로 사후 경과 시간을 추정하는 것이다. 물론 검정파리의 성장에 영향을 주는 온도 및 습도를 감안하여 단계별로 성장하는 데 소요되는 시간을 측정해야 정확도가 높아진다.

태양이가 물었다.

"목을 매 자살한 건 맞대요?"

"부패가 이미 많이 진행돼서 목을 맸을 때 일반적으로 관찰되는 피부 변화 등을 확인할 수가 없었대."

사체 주변에 몰려드는 곤충은?

맨 먼저 사체에 달려드는 곤충은 대개 검정파리인데, 사체에 남아 있는 따뜻한 온기와 사체가 부패할 때 나오는 냄새를 맡고 오지. 1km 밖에서도 냄새를 맡을 수 있다니 대단하지? 그 외에도 파리가 낳은 알을 먹으려고 오는 개미, 털이나 옷을 먹어 치우러 오는 나방 애벌레, 알을 낳으러 오는 송장벌레 등이 있어.

그렇다면 자살인지 아닌지 확신할 수 없다는 말. 사건 현장의 모습은 자살이었으나, 지금까지 조사한 바로는 자살할 만한 이유가 없다.

여하튼 사망 추정 시간으로 봐서는 15일에서 17일 전, 그러니까 8월 5일에서 7일 사이에 사망했다는 말. 결국 변심애가 마지막으로 갔던 거수동이 문제다. 거수동과 시신이 발견된 지역은 전혀 다른 방향인데 그녀는 왜 거수동에 간 것일까?

 또 다른 용의자

그런데 바로 그때, 별이는 번쩍 떠오르는 게 있었다.

"혹시 전혀 모르는 사람에게 납치, 살해된 건 아닐까? 요즘 밤길에 혼자 다니는 여자를 노리는 강도 사건이 많이 발생하잖아."

하지만 태양이는 고개를 갸우뚱했다.

"그런 경우에 일부러 자살로 위장까지 한 적은 없었던 것 같은데."

그러나 또 모를 일이다. 별이가 의견을 냈다.

"마지막으로 통화를 한 날짜가 8월 1일, 집 앞 버스 정류장 근처라고 했지? 거기서 집까지 가는 길에 무슨 일이 일어났을 수도 있어."

그러자 철민이가 말했다.

"하지만 4일 후, 거수동에서도 휴대전화가 켜져 있었잖아."

"휴대전화가 켜져 있었을 뿐이지 변심애가 전화를 받은 건 아니잖아.

범인이 휴대전화를 가지고 있다가 거수동에 버렸다면, 꺼지기 전 마지막 신호가 당연히 거기서 잡히겠지."

일리 있는 말이다. 태양이가 먼저 일어나며 말했다.

"좋아. 일단 CCTV 데이터부터 찾아보자."

아이들은 곧바로 변심애의 집 근처 경찰서로 가서 CCTV를 확인해 보았다. 버스 정류장에서 그녀의 집까지 가는 길에 설치된 CCTV는 모두 2대. 8월 1일 오후 9시 전후로 찍힌 영상을 돌려 보니, 9시 9분 변심애가 어두운 밤길을 혼자 걸어가는 모습이 찍혀 있었다. 그런데 잠시 후, 별이가 소리쳤다.

"어, 저 남자!"

한 남자가 지나가는데 영 수상하다. 변심애를 따라가는 것 같았다. 가로등 불빛에 비친 옆모습이 박철수는 분명히 아니다.

변심애의 집과 더 가까운 곳에 설치된 CCTV의 영상을 확인해 보니, 9시 9분 이후 찍힌 영상에는 그녀가 없었다. 혹시 어디 들렀다 왔나 싶어 다음 날 아침 시간까지 돌려 봤으나 변심애의 모습은 보이지 않았다.

두 CCTV 사이의 거리는 200미터 정도. 아무리 천천히 걸어도 5분이 채 안 걸리는 거리다. 그런데 그사이 변심애가 사라진 것이다. 그녀의 집으로 가는 길은 그 길밖에 없다. 그렇다면 뒤쫓아 오던 남자가 수상하다. 그 남자는 대체 누구일까?

일단 변심애와 아는 사람일 수도 있으니, 박철수와 식당 종업원들, 그리고 강소민에게 확대한 영상을 보여 주었다. 박철수와 식당 종업원들은 모두 모르는 사람이라고 대답했다. 그런데 강소민은 영상을 한참 보더니, 뭔가 기억나는 듯 말했다.

"가만, 혹시 저 사람……."

별이가 긴장한 목소리로 물었다.

"아는 사람인가요?"

"옆모습이라 확실하지는 않은데, 옛날에 언니랑 사귀다 헤어진 남자가 있거든. 안명훈이라고. 그 사람 같아. 그 사람도 북에서 넘어온 사람인데, 은혜교회라고, 새터민들이 많이 다니는 교회에서 만났대. 한 1년쯤 사귀다 헤어졌는데, 나랑은 세 번 정도 같이 봤어."

"두 사람이 헤어진 게 언제쯤이죠?"

수리가 물었다.

"1년도 넘었을걸? 그 이후에 연락한 적은 없는 걸로 알고 있는데."

철민이가 물었다.

"왜 헤어졌는지 아세요?"

"나이 차이도 많이 나고, 그 사람 하는 일도 일정하지 않고, 또 성격이 좀 괴팍했나 봐."

별이와 철민이는 안명훈의 신원을 조회해 보았다. 나이는 45세이고, 주소지는 홍수동.

"홍수동에서 거수동이 가깝지 않아?"

철민이가 물었다. 그렇다. 지하철로 두 정거장 정도의 거리. 아이들은 안명훈의 전화번호를 알아내 전화를 걸었지만 받지 않았다. 그래서 일단 안명훈의 집을 찾아가 보기로 했다. 홍수동의 가파른 언덕길을 한참 올라가서야 허름한 그의 집이 나왔다.

"안명훈 씨, 안명훈 씨, 계세요?"

철민이가 대문을 두드리자 한 남자가 삐거덕 문을 열었다.

"누구세요?"

안명훈이 맞다. 철민이가 신분증을 보이며 물었다.

"경찰입니다. 변심애 씨 아시죠?"

안명훈의 표정이 일그러졌다. 하지만 아무렇지 않은 듯 대답했다.

"옛날에 잠깐 만나던 사람인데 헤어진 지 한참 됐어. 그런데 그 여자를 왜 나한테 와서 묻는 거지?"

"변심애 씨가 사망한 채 발견됐습니다."

안명훈은 깜짝 놀라며 다시 물었다.

"죽었다고?"

"네."

안명훈은 잠시 생각하는 것 같더니 매몰차게 말했다.

"안됐군. 하지만 난 그 여자에 대해서 아는 거 없어."

그러더니 문을 닫고 들어가 버리려는 것이었다. 철민이가 얼른 제지하며 말했다.

"최근에 변심애 씨 만난 적 있잖아요. CCTV에 다 찍혔으니까 솔직히 말하세요."

당황하는 안명훈. 그러나 이내 버럭 소리를 질렀다.

"그래서 내가 죽였다는 거야?"

그러나 이 정도 가지고 기가 꺾일 CSI가 아니다. 태양이가 말했다.

"만난 건 시인하셨네요. 1년 전에 헤어진 사람을 왜 최근 다시 만나신 거죠?"

"그냥 우연히 만났을 뿐이야. 그래서 반가운 마음에 인사하고 각자 갈 길 갔어. 그 이후엔 어떻게 됐는지 몰라. 괜히 새터민이라고 우습게 여기고 범인으로 몰지 말라고."

별이가 물었다.

"그럼 8월 5일부터 7일까지 뭐 하셨죠?"

"8월 5일이라면 3박 4일 동안 교회 부흥회에 갔었어."

"교회 부흥회요?"

"그래. 거수동에 은혜교회라고 있어. 거기 목사님께 물어보면 될 것 아니야."

그러더니 일방적으로 문을 쾅 닫고는 들어가 버리는 것이었다. 사망 추정 시간은 8월 5일부터 7일 사이. 그런데 안명훈이 그때 3박 4일 동안 부흥회에 참석했다면 알리바이는 너무도 확실한 상황. 그렇다면 안명훈은 변심애의 죽음과 관련이 없다는 말인가?

 시간을 추적하라!

내려오는 길은 올라갈 때보다 더 멀게만 느껴졌다. 늦여름의 더위가 기승을 부리니 온몸은 땀에 흠뻑 젖었고, 다리의 힘도 자꾸 풀렸다. 언덕을 다 내려오자 작은 가게 하나가 보였다. 철민이가 말했다.

"우리 좀 쉬었다 갈까?"

가게 앞에 놓인 파라솔 아래 앉으니, 햇빛이 가려져서 훨씬 시원했다. 철민이가 아이스크림을 사 가지고 나왔다. 차가운 아이스크림을 한 입 베어 무니 살 것 같았다. 기운이 나자 태양이가 말했다.

"생각 좀 해 보자. 사망 추정 시간은 8월 5일부터 7일 사이. 용의자는 박철수와 안명훈. 마지막으로 휴대전화 신호가 잡힌 곳은 거수동. 가만, 거수동? 아까 거수동에 있는 은혜교회라고 하지 않았어?"

별이도 생각난 듯 말했다.

"맞아! 은혜교회에 전화부터 해 보자."

별이는 얼른 거수동에 있는 은혜교회의 전화번호를 찾아 담임 목사에게 전화를 걸었다. 수화기 너머에서 나이 지긋한 목사님의 목소리가 들렸다.

"맞아요. 8월 5일부터 8일까지 3박 4일 동안 충청도 한수리 기도원 부흥회에 다녀온 것 맞습니다. 저도 같이 갔고요. 그런데 무슨 일로?"

별이는 안명훈과 변심애가 처음 만난 곳도 은혜교회였다는 강소민의 말이 생각나 변심애가 사망한 채 발견됐다고 말했다. 깜짝 놀라는 목사님. 여하튼 안명훈의 알리바이가 확실하다는 것은 확인해 주었다.

사건이 잘 안 풀리니 힘이 빠져 일어날 기운도 없어졌다. 그냥 이쯤에서 자살로 사건을 마무리해야 하나 하는 생각도 들었다. 그런데 잠시 후 별이의 휴대전화가 울렸다. 목사님이었다.

"좀 이상한 게 있어서 전화했는데요. 사실 안명훈 씨는 1년 전부터 교회에 나오지 않았어요. 그런데 8월 2일에 갑자기 교회에 나왔더라고요. 그리고 기도회나 부흥회에 참석하고 싶다고 해서 한수리 기도원 부흥회에 같이 가게 된 겁니다. 다시 열심히 믿기로 결심했나 보다 했는데, 지금 생각하니 좀 갑작스럽긴 하네요."

> **기온은 위로 올라갈수록 낮아진다?**
>
> 높은 산 꼭대기에는 한여름에도 눈이 쌓여 있는 것을 볼 수 있어. 즉, 산 아래보다 산 위의 기온이 더 낮다는 말. 높이 올라갈수록 태양과 더 가까워지는데 기온은 낮아지니 어떻게 된 일일까? 그건 태양에너지에 의해 공기가 직접 데워지지 않기 때문이야. 태양에너지가 지구에 도달하면 먼저 지표 부분(육지와 바다)이 데워져. 그리고 다시 지표에서 복사된 에너지가 공기를 데우지. 그래서 지표면에 가까울수록 복사에 지를 많이 받으니까 기온이 더 높은 거야.

가만, 안명훈이 1년간 발길을 끊은 교회에 갑자기 다시 나갔다? 게다가 부흥회에 참석하겠다고까지 했다니 확실한 알리바이를 만들기 위해서가 아니었을까?

"마지막 신호가 잡힌 날이 8월 5일, 거수동이었잖아. 안명훈이 부흥회에 가면서 아침에 변심애의 휴대전화를 버리고 간 거야. 어때?"

수리가 자신의 추리를 말했다.

"그럼 언제 변심애를 죽였다는 거지? 사망 추정 시간에는 분명히 충청도에 있었다는 얘기잖아. 목사님과 함께."

별이가 의문을 제기하자 철민이가 대답했다.

"그 전날 범행을 저질렀을 수도 있지."

태양이가 고개를 저으며 말했다.

"아니야. 피해자의 행방이 묘연해진 건 8월 1일. 그리고 안명훈은 그 다음 날인 8월 2일에 갑자기 교회에 나왔어. 그리고 부흥회에 참석하고 싶다고 했지. 교회에 나와 알리바이를 만들려고 한 건 그보다 전에 일을 벌였다는 뜻이 아닐까? 그렇다면 피해자를 죽인 건 교회에 나오기 전날인 8월 1일일 가능성이 커."

그러자 수리가 이상하다는 듯 말했다.

"그럼 사후 경과 시간이 안 맞잖아. 8월 1일이라면, 사후 경과 시간이 최소한 20일은 나와야 되는 거 아냐?"

그런데 바로 그때였다. 별이가 무언가 생각난 듯 눈을 반짝였다.

"가만! 아까 그 집에 지하실 있는 거 같던데, 혹시 봤어?"

태양이가 대답했다.

"응. 안명훈이 문 닫으려고 할 때 철민이가 막았잖아. 그때 문 사이로 살짝 봤어."

철민이와 수리는 보지 못했단다. 철민이가 물었다.

"그런데 갑자기 지하실은 왜?"

"사후 경과 시간 말이야, 기온이나 습도에 영향을 많이 받잖아. 사후 경과 시간이 15일에서 17일이라는 건, 시신 발견 장소가 야외인 점과 요즘의 기온을 고려한 것이겠지?"

아이들이 일제히 고개를 끄덕였다.

"만약 안명훈이 변심애를 만난 8월 1일에 범행을 저지르고 시신을 지하실에 뒀다면 사망 추정 시간은 달라지지 않았을까?"

별이의 말에 수리가 아리송한 표정을 지었다.

"그런가?"

별이가 설명을 계속했다.

"기온은 공기의 온도를 말해. 태양에서 온 에너지가 지표면을 데우고, 지표면이 데워지면 그 위에 있는 공기도 데워지기 때문에 기온이 올라가지. 하지만 기온은 시간과 장소에 따라 달라져."

"그래. 하루 중 기온이 가장 높은 시간은 오후 3시 정도, 그리고 기온이 가장 낮은 시간은 해 뜨기 직전이라고 배웠잖아."

철민이가 아는 척을 했다.

"맞아. 태양의 고도가 높을수록 지표면이 많이 가열되고, 그로 인해 기온이 올라가게 되지. 또 반대로 태양의 고도가 낮아지면 지표면이 덜 가열되고, 그로 인해 기온은 점점 낮아지게 돼. 그래서 하루 중에도 시간에 따라 기온이 달라지는 거야. 뿐만 아니라 같은 시간이라도 장소에 따라서 기온이 달라져. 운동장처럼 햇빛이 잘 비치는 곳은 기온이 높고, 복도처럼 햇빛이 잘 비치지 않는 곳은 기온이 낮지. 또 장소가 같더라도 높이에 따라 기온이 달라. 같은 건물이라도 옥상이나 맨 꼭대기 층이 가장 덥고, 맨 아래층이 가장 시원하지. 지하실이 시원한 건 바로 그런 이유 때문이야."

별이의 말이 끝나자 수리가 물었다.

"그럼 시신을 지하실에 뒀다면 사망 추정 시간이 확 달라질까?"

태양이가 대신 대답했다.

"흐음, 가능할 것 같아. 기온이 높을수록, 검정파리가 알에서 성충이 되기까지 걸리는 시간은 더 짧아지거든. 만약 시신이 기온이 낮은 지하실에 있다가 며칠 뒤에 야외로 옮겨진 거라면 사망 추정 시간은 충분히 달라질 수 있어."

그러자 별이가 정리를 했다.

"그러니까 안명훈은 변심애를 만난 8월 1일, 변심애를 살해하고 자신의 집 지하실에 숨겨 둔 거야. 그리고 알리바이를 만들기 위해 다음 날 교회에 나갔고, 일부러 부흥회에 참석하기로 했지. 그리고 부흥회에 참석하는 날 새벽, 시신을 경기도 야산으로 옮겨 자살로 위장한 거야. 지하실은 야외보다 훨씬 기온이 낮기 때문에 그사이 시신이 많이 부패되진 않았을 거야. 그러니까 실제로 부패가 급속도로 진행되기 시작한 것은 사건 현장에 시신을 유기한 이후지. 그래서 사망 추정 시간이 차이가 나게 된 거고. 물론 변심애의 휴대전화는 일부러 켜 놓았다가 부흥회에 가면서 거수동에 버린 걸 거야."

수리가 감탄하며 말했다.

"딱딱 맞아떨어지는걸."

철민이가 의견을 말했다.

"좋아, 그럼 이게 가능한 얘기인지 과학수사연구소에 물어보자."

별이는 곧바로 과학수사연구소에 전화를 걸었다. 법곤충학자인 장석진 박사는 사망 추정 시간은 온도에 따라 달라지므로 충분히 가능한 얘기라고 답해 주었다. 사건 해결의 실마리를 잡게 된 아이들은 서둘러 학교로 돌아가 보고했다.

 ## 범인을 검거하다!

아이들은 곧바로 안명훈의 집에 대한 압수수색영장을 발부받아 안 형사와 함께 홍수동으로 갔다. 압수수색영장을 들이밀자 안명훈은 당황하는 기색이 역력했다. 아이들은 지하실부터 샅샅이 수색했다. 얼마 지나지 않아 태양이가 무언가를 발견했다.

"어, 이건!"

핀셋으로 집어 올린 것은 말라 버린 구더기.

"검정파리의 구더기야. 크기로 봐서 막 알에서 깨어난 애벌레 1단계 정도야."

그렇다면 별이의 추리가 맞았다. 그때 저쪽에서 철민이가 소리쳤다.

"이 끈, 나무에 매어 있던 것과 같은 종류야."

그러자 수리가 말했다.

"잘라진 단면을 비교해 보면 되겠다."

그렇다. 끈의 잘라진 단면을 맞추어 보면 두 끈이 동일한 끈인지 알 수 있다.

결국 안명훈은 범행 일체를 털어놓았다.

"7월 중순 우연히 버스 안에서 만났어요. 그래서 다시 잘해 보자고 했더니 사귀는 남자가 있다는 거예요."

그래서 누구인지 알아보니, 변심애가 일하는 식당 주인이었던 것.

안명훈은 그가 부인이 있는 남자인 것을 알고, 부인에게 두 사람 사이를 말하겠다고 변심애를 협박했다. 그래서 변심애는 갑자기 식당을 그만두고 박철수과 헤어질 수밖에 없었던 것.

"헤어졌다기에 이제 좀 잘해 보려고 집 앞 버스 정류장에서 기다렸는데, 아는 척도 안 하고 그냥 가 버리는 거예요."

화가 난 안명훈은 다시 박철수의 부인에게 이르겠다고 협박, 변심애를 자신의 집까지 데리고 왔단다. 그런데 변심애가 박철수와 자신을 비교하면서, 돈도 없고 무식하고 나이도 많다며 자신을 비난하는 바람에 화가 나서 그만 일을 저지른 것이었다.

"잘 살아 보려고 부모도 버리고 온갖 고생하면서 여기까지 왔는데, 변변한 일자리도 없고, 살 길도 막막하고, 여자한테 그런 소리까지 들으니 너무 화가 나서 그만……."

그리고 예상대로 안명훈은 일단 시신을 지하실에 옮겨 놓고, 알리바이를 만들기 위해 일부러 교회를 찾아갔고, 부흥회에 참석하는 날 새벽에 시신을 자살로 위장해 유기했던 것이었다.

자유를 찾아서, 더 잘 살고 싶어서, 목숨을 걸고 북을 탈출한 새터민들. 그러나 남한 사회에 적응하기가 쉽지 않았던 그들의 외로움과 고단함이 이번 사건을 일으키게 한 원인 중 하나는 아니었을까? 아이들은 씁쓸한 생각이 들었다.

우여곡절 끝에 변심애의 죽음이 자살이 아닌 타살임을 밝혀낸 아이들. 짧은 여름방학, 그것도 유난히 뜨거웠던 여름방학을 굵직한 사건을 네 개나 해결하면서 정말 파란만장하게 보냈다. 힘든 내색 없이 언제나 최선을 다한 아이들 모두에게 박수를!

별이가 들려주는 사건 해결의 열쇠

새터민 여성 변심애의 자살 사건. 하지만 그 사건이 자살이 아닌 타살임을 밝혀낼 수 있었던 것은 기온에 대해 잘 알았기 때문이야.

기온이란?

기온은 지표면 근처, 즉 우리를 둘러싸고 있는 공기의 온도를 말해. 그런데 왜 기온은 올라갔다 내려갔다 하는 것일까?

그건 바로 태양 때문이야. 태양의 표면 온도는 약 6000℃. 태양에너지가 지표면을 데우면 그 위에 있는 공기도 데워지기 때문에 공기의 온도인 기온이 올라가는 거야.

기온은 백엽상에서 재는데, 백엽상은 햇빛과 비를 막고 공기가 통할 수

〈태양에너지가 지표면을 데우고 다시 복사된 에너지가 공기를 데우는 과정〉

있게 만들고, 복사열의 영향을 줄이기 위해 흰색으로 칠해 놓지. 그래서 실제로 한여름에 야외에서 우리가 느끼는 기온은, 기상청에서 측정하는 백엽상 안의 기온보다 높아.

💡 하루 중 시간에 따라 달라지는 기온

일기예보를 보면 하루 중 최고 기온과 최저 기온을 알려 주지. 왜 기온은 하루 중에도 자꾸 변하는 걸까?

지구는 하루에 한 번 스스로 자전을 하기 때문에 태양은 동쪽에서 떠서 정오가 되면 바로 우리 머리 꼭대기에 떠 있다가 다시 서쪽으로 져. 그래서 태양의 고도가 높아지는 낮에는 지표면이 흡수하는 에너지가 점점 커져서 기온이 올라가고, 태양의 고도가 낮아지는 밤에는 지표면이 흡수하는 에너지가 작아지기 때문에 기온도 점점 낮아지게 되는 거야.

하루 중 가장 기온이 낮은 때는 태양이 뜨기 전, 즉 일출 직전이야. 밤사이 지표면이 식기 때문이지. 그럼 하루 중 가장 기온이 높은 때는 언제일까? 태양이 가장 높이 떠 있는 때, 즉 태양 고도가 가장 높은 12시경일까?

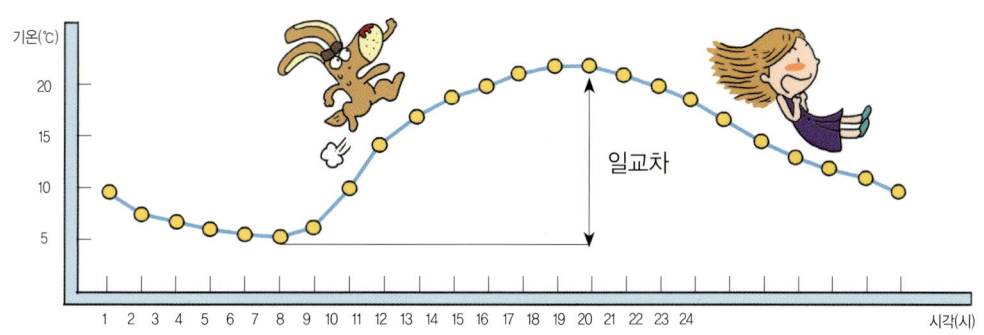

〈하루 동안의 기온 변화 그래프〉

그렇지 않아. 왜냐하면 지표면이 데워지려면 어느 정도 시간이 걸리기 때문이지. 그래서 하루 중 기온이 가장 높은 때는 보통 오후 2~3시경이야.

또 하루 중 최고 기온과 최저 기온의 차를 '일교차'라고 해. 흐리거나 비가 오는 날보다는 맑은 날에 일교차가 크고, 우리나라는 봄과 가을에 일교차가 크게 나타나.

💡 장소에 따라 달라지는 기온

하루 중 같은 시각이라면, 기온은 어디에서나 같을까? 그렇지 않아.

운동장 한가운데처럼 햇빛이 가려지지 않고 그대로 노출된 곳에서는 그만큼 태양에너지를 많이 받아 기온이 높고, 학교 복도처럼 지붕과 벽이 햇빛을 가린 곳에서는 그만큼 태양에너지를 적게 받아 기온이 낮아. 그래서 여름 한낮에 운동장에 나가면 땀이 뻘뻘 날 정도로 덥지만, 나무 그늘에만 들어가도 훨씬 시원한 것을 느낄 수 있지.

〈장소에 따른 기온의 변화〉

건물의 경우에는 높은 층일수록 기온이 높아. 역시 태양에너지를 많이 받기 때문이지. 그러니까 옥상이 제일 덥고, 지하실이 제일 시원해.

💡 기온과 사망 추정 시간

보통 체온의 변화나 죽은 뒤 근육이 뻣뻣하게 굳고 관절이 딱딱해지는 사후 경직의 정도, 위에 소화되고 남은 소화잔사물의 형태 등으로 사망 시간을 추정해. 하지만 부패가 많이 진행된 경우에는 이러한 방법을 쓸 수가 없어. 그래서 이럴 땐 시신 주변에 모여든 여러 가지 곤충을 증거로 사용해. 곤충이 알에서 애벌레, 번데기를 거쳐 성충이 되기까지의 시간을 이용하는 거지. 시체에 붙어 있는 곤충들이 어떤 단계에 있는지 조사하여 곤충들이 처음 알을 낳은 때가 언제인지 역추적을 해서 알아내는 거야.

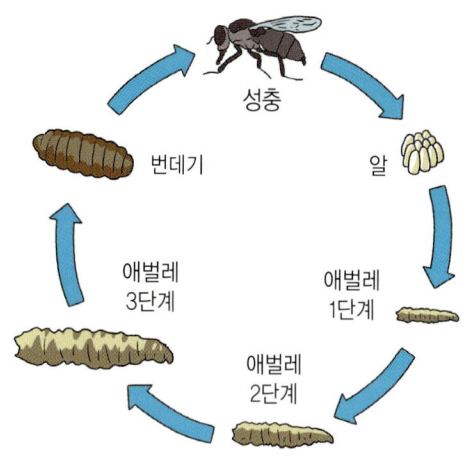

〈검정파리의 한살이〉

그런데 곤충의 성장 단계는 기온의 영향을 많이 받아. 검정파리가 알에서 성충이 되기까지 걸리는 시간은 15℃일 때는 32일, 20℃일 때는 20일, 25℃일 때는 14일로, 온도가 올라갈수록 점점 더 빨리 자라는 것을 알 수 있어. 그래서 법곤충학자는 사망 시각을 정확하게 추정하기 위해 시신이 발견된 장소의 기상 정보도 확인해.

또 같은 날씨라도 장소에 따라서 기온의 차이가 많으므로 시신이 어느 곳에 있었는지도 사망 시간을 추정하는 데 상당히 중요한 요소가 되지.

그러니까 생각해 봐. 피해자가 사라진 날짜와 사망 추정 시간과는 차이가 있었어. 하지만 용의자의 집에 지하실이 있다는 것을 알고, **시신이 지하실에 있었다면 사망 추정 시간에 변화가 생길 수 있음**을 간파하여, 타살임을 밝힐 수 있었던 거야.

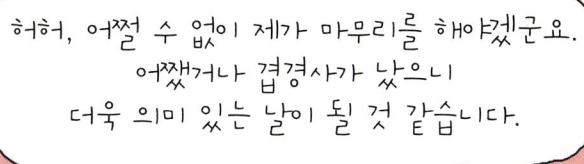

새로운 어린이 과학 형사대 CSI의 눈부신 활약! **18권**에서 펼쳐집니다.

CSI, 함께 놀며 훈련하다!

운동이랑 함께하는 신기한 놀이

① 문지르면 열이 나요

물체를 마찰하면 운동에너지가 열에너지로 전환되어 열이 발생한다는데 정말일까? 확인해 보면 되지.

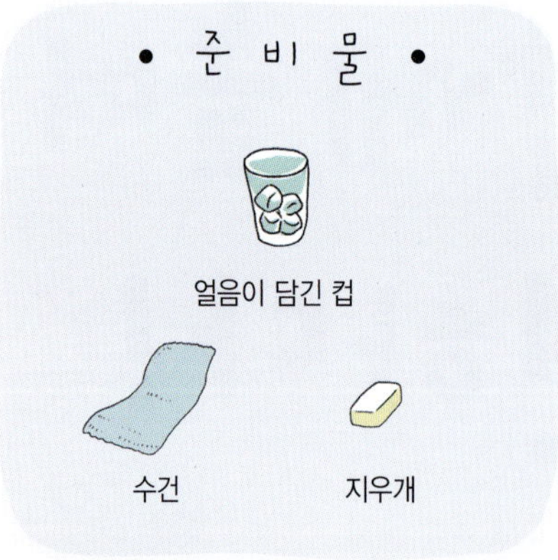

• 준비물 •

얼음이 담긴 컵

수건   지우개

❶ 양 손바닥으로 얼음이 담긴 시원한 컵을 잡아 손바닥의 온도를 낮춘다.

❷ 수건으로 손바닥의 물기를 닦은 다음, 양 손바닥을 마주 비벼 열이 나는 지 확인한다.

❸ 이번에는 책상 위에 손을 대고 온도를 느낀다.

❹ 책상을 지우개로 박박 문지른 후 그 부분에 다시 손을 대어 본다.

손바닥을 문지르는 것만으로도 금방 따뜻해지지? 손바닥을 비비는 운동에너지가 열에너지로 바뀌었기 때문이야. 또 책상 위를 지우개로 문지르면 그 부분이 뜨거워지는 걸 확인할 수 있어. 이것 역시 에너지 전환 때문이지.

❷ 물레방아를 돌려라!

떨어지는 물이 물레방아의 날개를 움직이게 할 수 있을까? 물레방아를 만들어 실험해 보자.

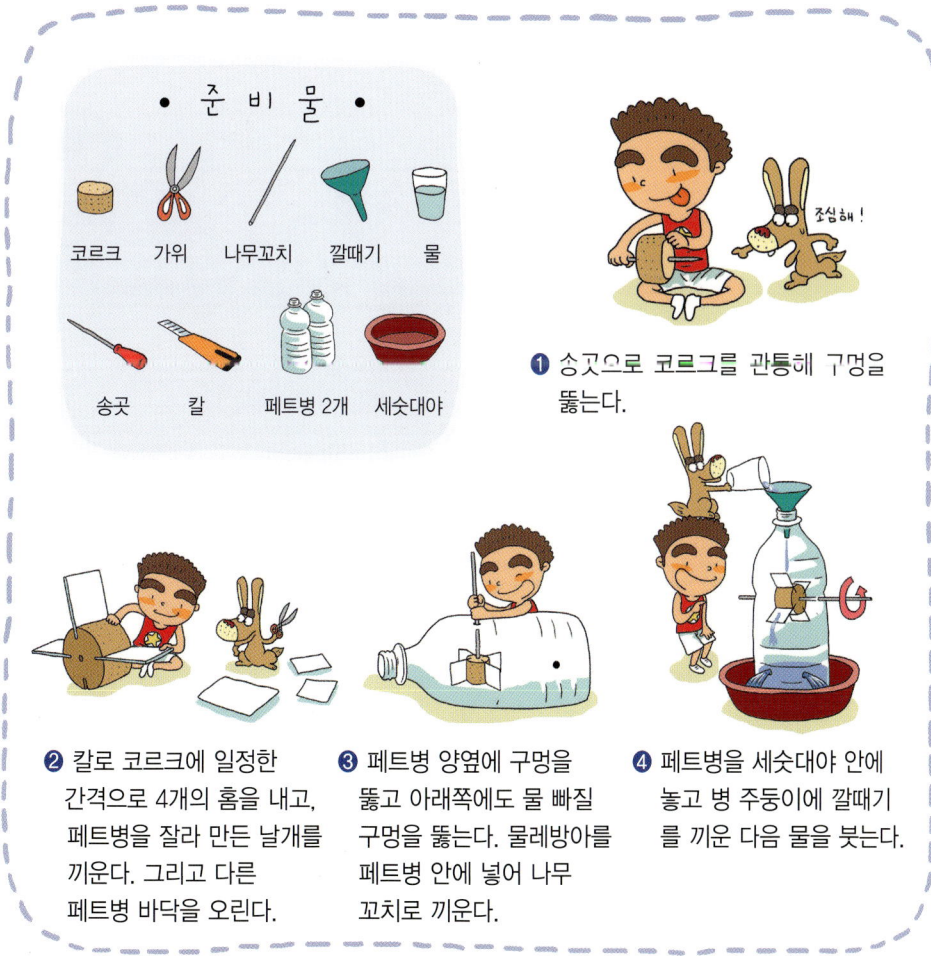

코르크 물레방아의 날개 부분에 잘 조준하여 천천히 물을 부어 봐. 어때? 떨어지는 물에 의해 물레방아가 돌아가는 것을 볼 수 있지? 바로 물의 위치에너지가 날개를 돌리는 운동에너지로 전환되는 것이지.

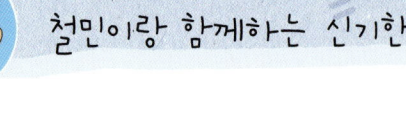

① 온도에 따른 확산 속도

온도에 따라 확산 속도가 달라진다고 했지? 온도가 높을수록 확산이 빨리 일어난다는 것을 직접 확인해 보자.

• 준비물 •
황색 각설탕, 유리컵 2개, 찬물, 따뜻한 물 

① 유리컵에 각각 찬물과 따뜻한 물을 같은 양만큼 담는다.

② 각각의 유리컵에 동시에 황색 각설탕을 한 개씩 떨어뜨린다.

③ 그대로 두고 변화를 관찰한다.

어때? 물에 각설탕을 떨어뜨리자 각설탕이 물에 녹아 점점 퍼지는 것을 볼 수 있지? 이게 바로 확산이야. 그런데 찬물보다 따뜻한 물에서 더 빨리 퍼지는 것을 볼 수 있어. 온도가 높을수록 분자운동이 빠르기 때문이지.

❷ 확산 무늬 메모지

종이 위에 잉크 분자를 확산시켜, 멋진 무늬가 있는 나만의 메모지를 만들어 볼까?

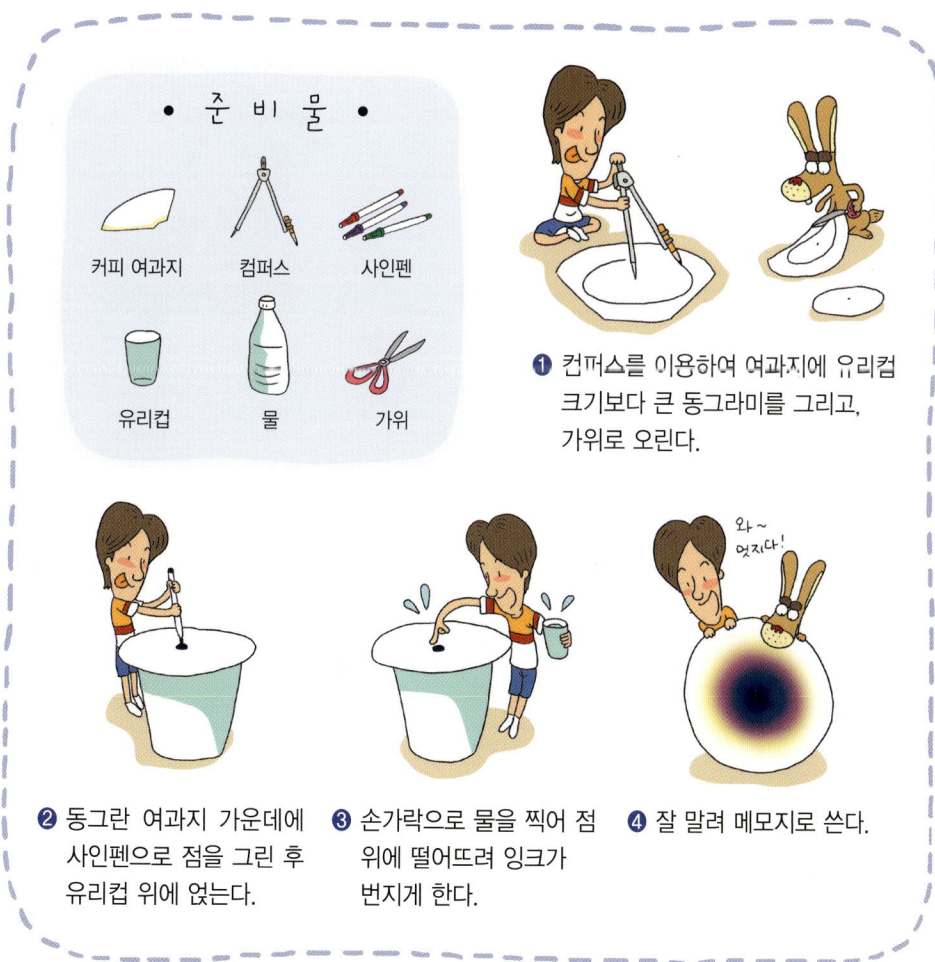

잉크의 색소들이 퍼져 나가면서 멋진 무늬가 만들어지지? 여러 색깔의 사인펜으로 점을 찍어서 어떤 색깔이 나오는지 보고, 멋진 무늬를 만들어 봐. 잘 말려서 예쁜 메모지로 쓰면 좋겠지?

❶ 공룡의 이빨 자국

무섭고 뾰족한 이빨을 가진 공룡 모형을 이용해 이빨 자국 증거물을 만들어 볼까?

• 준비물 •

이빨이 큰 공룡 모형들 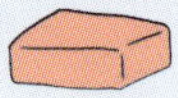   고무찰흙

❶ 고무찰흙을 손으로 주물러 기다란 오이 모양을 만든다.

❷ 공룡 모형의 이빨을 고무찰흙에 대고 눌러서 흔적을 남긴다.

❸ 고무찰흙에 남은 이빨 자국을 비교해 보고, 어떤 공룡 모형의 것인지 맞힌다.

공룡 모형의 뾰족한 이빨 자국이 말랑말랑한 고무찰흙에 그대로 남지? 또 공룡 모형마다 각기 다른 이빨 자국이 남는 것을 볼 수 있어. 이와 마찬가지로, 사람의 치아는 단단하기 때문에 물체에 흔적을 남기지.

❷ 잇자국으로 범인 찾기

바나나에 남은 잇자국으로 범인을 찾는 놀이를 해 볼까? 가족이나 친구들과 같이 하면 더 재미있을 거야.

❶ 가위바위보로 범인을 정한다.

❷ 범인이 먼저 바나나 하나를 베어 문다. 송곳니 자국까지 남을 수 있게 긴 방향으로 베어 문다.

❸ 범인과 나머지 사람이 각자 바나나를 한 개씩 베어 물어 잇자국을 남긴다.

❹ 바나나를 섞어 놓고, 확대경으로 2의 것과 비교해 범인의 잇자국을 찾는다.

어때? 비슷해 보이지만 확대경으로 꼼꼼히 비교해 보면, 범인의 잇자국과 똑같은 잇자국을 찾을 수 있을 거야. 그래서 사건 현장에 남은 잇자국은 범인을 찾는 데 아주 중요한 단서가 되지.

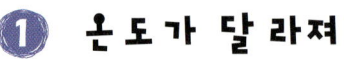

❶ 온도가 달라져요

빛을 막아 주는 물체가 있을 때와 없을 때 온도가 각기 달라지는 것을 간단한 실험을 통해 확인해 볼까?

● 준비물 ●
온도계 손전등
시계 책

❶ 현재 온도계의 눈금을 기록한다.

❷ 온도계의 구부 바로 앞에 손전등을 5분간 켜 놓은 다음, 온도를 잰다.

❸ 온도계의 구부와 손전등 사이를 책으로 막는다.

❹ 5분 후에 다시 온도를 잰다.

손전등을 켜 두니까 온도계의 눈금이 높아지는 것을 볼 수 있지? 하지만 그 사이에 책을 놓아 손전등에서 나오는 빛과 열을 막으면 온도는 다시 내려가는 걸 볼 수 있어. 한여름 뙤약볕 아래라도 파라솔 밑으로 들어가면 훨씬 시원한 것과 마찬가지야.

❷ 따뜻하면 잘 자라요

온도가 높을수록 곤충의 성장 속도가 빨라진다는데, 곰팡이는 어떨까? 곰팡이 균을 키워서 관찰해 보자.

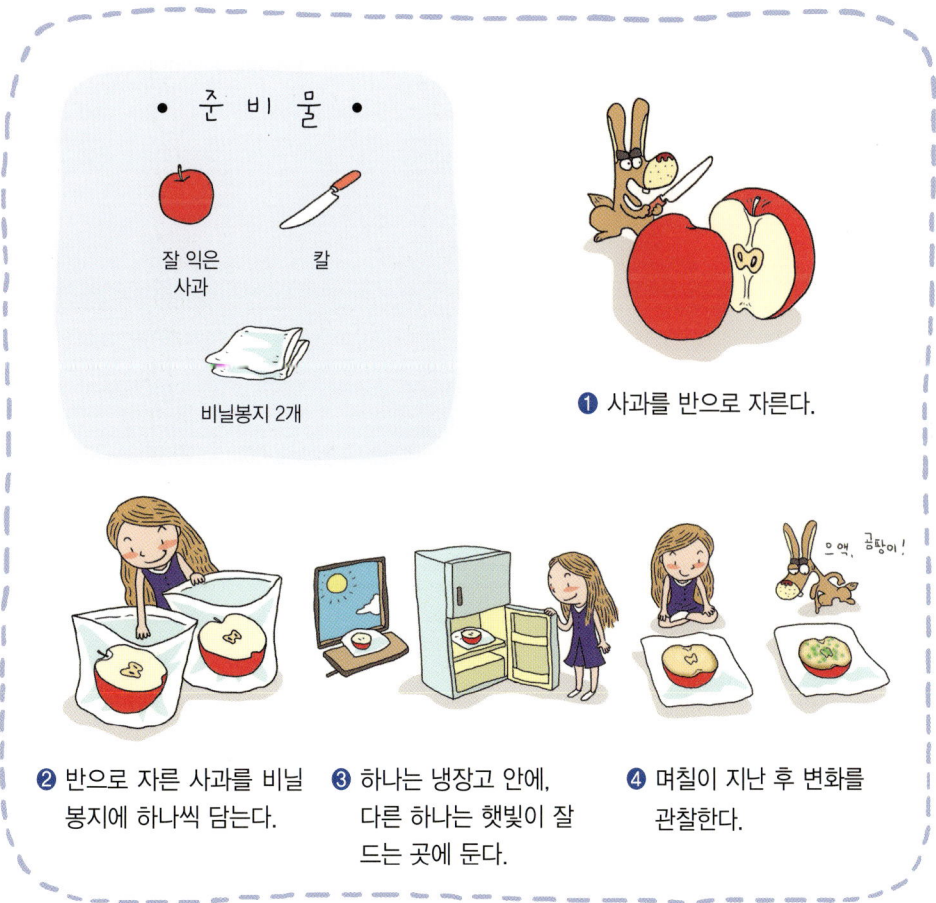

냉장고 안의 사과는 색깔만 변했지만 햇빛이 잘 드는 곳에 둔 사과는 곰팡이가 생긴 것을 볼 수 있지? 온도가 높으면 곰팡이가 더 빨리 성장하기 때문이야. 곤충도 마찬가지야. 기온이 높을수록 알에서 성충으로 자라는 시간이 빨라지지.

 찾아보기

ㄱ
간니 126, 127
갈변 현상 108
기온 157, 164

ㅁ
매질 87
멜라노이딘 108

ㅂ
백엽상 164
법곤충학자 159, 167
법랑질 114, 127
법치의학자 110, 115
복사열 165
분자운동 81, 86

ㅅ
상아질 114, 127
스카톨 81
스키드 마크 36, 40

ㅇ
에너지 39, 48
에너지 보존 50
에너지 전환 39, 49
열에너지 39, 49
운동에너지 39, 49
위치에너지 39, 49
인돌 81
일교차 166

ㅈ
젖니 126, 127

ㅊ
치본 115, 128
치흔 110, 128

ㅍ
폴리페놀옥시다아제 108

ㅎ
화석 연료 40
확산 80, 86